teach yourself®

improve your
spanish
juan kattán-ibarra

D0529925

For UK order enquiries: please contact Bookpoint Ltd, 130 Milton Park, Abingdon, Oxon OX14 4SB. Telephone: +44 (0)1235 827720. Fax: +44 (0)1235 400454. Lines are open 09.00–18.00, Monday to Saturday, with a 24-hour message answering service. Details about our titles and how to order are available at www.teachyourself.co.uk

For USA order queries: please contact McGraw-Hill Customer Services, P.O. Box 545, Blacklick, OH 43004-0545, USA. Telephone: 1-800-722-4726. Fax: 1-614-755-5645.

For Canada order queries: please contact McGraw-Hill Ryerson Ltd, 300 Water St, Whitby, Ontario L1N 9B6, Canada. Telephone: 905 430 5000. Fax: 905 430 5020.

Long renowned as the authoritative source for self-guided learning – with more than 40 million copies sold worldwide – the **teach yourself** series includes over 300 titles in the fields of languages, crafts, hobbies, business, computing and education.

British Library Cataloguing in Publication Data: a catalogue entry for this title is available from The British Library.

Library of Congress Catalog Card Number: on file

First published in UK 1999 by Hodder Arnold, 338 Euston Road, London, NW1 3BH.

First published in US 1999 by Contemporary Books, a Division of the McGraw Hill Companies, 1 Prudential Plaza, 130 East Randolph Street, Chicago IL 60601 USA.

This edition published 2004.

The **teach yourself** name is a registered trade mark of Hodder Headline Ltd.

Typeset by Transet Limited, Coventry, Warwickshire.
Printed in Great Britain for Hodder Arnold, a division of Hodder Headline, 338 Euston Road, London NW1 3BH, by Cox & Wyman Ltd, Reading, Berkshire.

Hodder Headline's policy is to use papers that are natural, renewable and recyclable products and made from wood grown in sustainable forests. The logging and manufacturing processes are expected to conform to the environmental regulations of the country of origin.

Impression number	10	9	8	7	6	5	4	3	2	
Year		2010	2009	2008	2007	2006	2005	2004		

iii

contents

introduction

This is a complete course for students who already have a basic knowledge of the language and who want to improve their skills of communication. If you have completed a course such as *Teach Yourself Spanish* or another beginner's course in Spanish and wish to build on what you have learnt and increase your ability to communicate, *Teach Yourself Improve Your Spanish* offers you ample opportunity to do this. Although the course has been designed especially for people studying on their own, the material and exercises will also lend themselves to classroom use. Students taking evening classes in Spanish or who are studying for examinations where the emphasis is on acquiring communicative skills will find plenty of material in this book to help them achieve their objectives.

The structure of this course

The course book contains

- 12 course units
- self-assessment tests and a reference section at the back of the book

In addition there are two CDs which you really need to have if you are going to get maximum benefit from the course.

The course units

The course units can be divided roughly into the following categories, although of course there is a certain amount of overlap from one category to another:

Statement of aims

You will be told what you can expect to learn, in terms of what you will be able to do in Spanish by the end of the unit.

Presentation of new language

You will find two or more dialogues which are recorded ▶ on the CDs and also printed in the book. Some assistance with vocabulary is also given. The language in the dialogues covers all the main language structures and tenses, including more advanced forms such as the subjunctive, building on what you have learnt in your beginner's course and taking you further.

Key sentences

All new phrases and expressions with their English translation are listed in this section.

Description and revision of language forms

In the **Grammar** section you learn about the forms of the language, thus enabling you to review structures you may be familiar with and to learn how to use new language forms. The **Language check** section which follows the **Grammar** will help you to revise some of these constructions.

Practice of the new language

In the **Practice** section you will have ample opportunity to use the language that you have learnt and to improve your speaking, reading and writing skills. This section also includes listening comprehension exercises (**¡a escuchar!**) which will help you to increase your capacity to understand spoken Spanish. Transcripts of these exercises are at the back of the book. A **Key to the exercises** in this section will also be found at the back of the book.

Testing yourself

A **Test yourself** section, on pages 173–81, will help you to test what you have learnt in your Spanish course, and allow you to judge whether you have successfully improved your language and communication skills. Each activity in this section refers to a particular unit, so you can either do each one after you have completed a unit or do them all when you have worked your way through the course. A **Key to test yourself** is at the back of the book.

Reference

At the end of the book there are sections which you can use for reference:

- a key to the activities in the units
- a key to the 'test yourself' exercises
- transcripts of the listening comprehension exercises
- a 'taking it further' section
- a Spanish-English vocabulary
- an English-Spanish vocabulary
- an index to the grammar

How to use this course

Make sure at the beginning of each unit that you are clear about what you can expect to learn.

First listen to the dialogues on the recording. Try to get the gist of what is being said before you look at the printed text in the book. Then refer to the printed text and the key vocabulary in order to study the dialogues in more detail. If you want an explanation of new language points at this stage, study the relevant paragraphs in the **Grammar** section, and the explanatory notes which follow some of the dialogues.

You must try to make the most of the audio material by listening to the recordings of the dialogues at every opportunity – sitting on the train or bus, waiting at the dentist's or stuck in a traffic jam, using what would otherwise be 'dead' time. But listening is not enough. You should try to internalize and make sense of what you hear, focusing especially on language forms and expressions which may be new to you. Repeat them to yourself and then use them in sentences of your own. After you have gone through the dialogues, go through the comprehension questions which follow them to check that you understood what was said. The answers to these are in the **Key to the exercises**.

Move on next to the **Key sentences** section. Try covering up the English translations and producing the English equivalents of the Spanish. If you find that relatively easy, go on to cover the Spanish sentences and produce the Spanish equivalents of the English. You will probably find this more difficult. Trying to recall the context in which words and phrases were used may help you learn them better.

You can then study the explanations in the **Grammar** section in a systematic way. We have tried to make these as user-friendly as possible, since we recognize that many people find grammar daunting. But in the end, it is up to you just how much time you spend on studying and sorting out the grammar points. Some people find that they can do better by getting an ear for what sounds right, others need to know in detail how the language is put together. You may even want to go beyond the explanations which are offered in this section, in which case there is a number of grammar books, some in the Teach Yourself series, which may help you to expand your knowledge of Spanish grammar. Once you feel confident about the grammar content of the unit, go through the exercises in the **Language check** section. You can check your answers in the **Key to the exercises**.

You will then be ready to move on to the **Practice** section and work through the activities following the instructions that precede them. Most of these are clearly communicative in nature, focusing on the aims outlined at the start of the unit. You are going to be the main actor in this section, carrying out the instructions given for each exercise, which may involve understanding and acting on what a Spanish speaker has said, playing a role, writing a letter, helping a travelling companion who doesn't know any Spanish, and so on.

Some of the activities in this section are listen-only activities. The temptation may be to go straight to the transcriptions in the back of the book, but try not to do this. The whole point of listening exercises is to improve your listening skills. You will not do this by reading first. The transcriptions are there to help you if you get stuck.

Each unit contains, within this section, longer, authentic reading passages designed to help you increase your passive vocabulary and to build on comprehension. Most of these deal with important cultural points related to either Spain or Latin America. Read them through and answer the questions which either precede or follow them. You don't need to understand every single word here, but don't hesitate to use your dictionary if you want to study the passage in more depth.

As you work your way through the activities, check your answers carefully in the back of the book. It is easy to overlook your own mistakes. If you have a study buddy it's a good idea to check each other's work. Most of the exercises have fixed answers, but some are a bit more open-ended. For most of these you will find a model answer which you can adapt for your own purposes.

Before you move on to a new unit, go through the **Key sentences** section once more to make sure that you know all the key language in the current unit.

Symbols and abbreviations

m = masculine gender of noun
f = feminine gender of noun
pl = plural form

V = **Verdadero**, *true*
F = **Falso**, *false*
sing = singular

▶ Material on the recording.

Acknowledgements

The author and publishers would like to acknowledge the following for use of their material in this volume: revistas Cambio 16, Tiempo, Buena Salud, Quo (de divulgación científica), Gente (de Diario 16), Guía del Ocio; diarios Ya, El Mundo, Diario 16, El Mercurio (Chile), Excelsior (México); radios San Cristóbal, El Conquistador, Clásico (Chile), La Romántica (México); Universidad de Málaga, RENFE, Banco Popular Español, OMIC.

01

cosas del diario vivir

In this unit you will learn:

- how to talk about daily activities and habits
- how to say how often you do something
- how to relate a sequence of events

▶ 1 ¿Qué sueles hacer?

Carlos Salinas, escritor, es entrevistado por una periodista de una revista española. En una parte de la entrevista, Carlos comenta acerca de su vida diaria.

Periodista Carlos, a veces la gente se pregunta cómo es la vida diaria de un escritor, que no tiene que salir de su casa ni cumplir un horario o vérselas con un jefe autoritario y gruñón.

Carlos Pues mira, es verdad que trabajar en casa tiene sus grandes ventajas, no tienes que perder el tiempo yendo de un lado a otro de la ciudad en el coche, el metro o lo que sea. Ahora, en cuanto a lo del horario, es cierto que a mí nadie me impone un horario de trabajo determinado como suele ocurrirle a casi todo el mundo. Pero el horario me lo impongo yo mismo. Soy una persona bastante disciplinada. Suelo levantarme sobre las siete de la mañana, me doy una ducha y luego bebo un café. No acostumbro comer mucho por la mañana. A veces unas tostadas o algunas pastas. A las ocho me siento frente al ordenador y no paro hasta el mediodía...

Suelo levantarme sobre las 7.00 de la mañana.

Me doy una ducha.

Luego bebo un café.

A las 8.00 me siento frente al ordenador y no paro hasta el mediodía.

Periodista	¿Te molesta que interrumpan tu trabajo?
Carlos	Sí, pero, vamos, no suele ocurrir. Mi familia y mis amistades conocen muy bien mis hábitos y nunca me llaman por la mañana, a no ser que sea para algo importante. Por la tarde, trabajo menos intensamente.
Periodista	¿Qué sueles hacer por la noche?
Carlos	Bueno, yo soy un gran aficionado a la música, principalmente al jazz. A menudo vienen amigos a casa por la noche, escuchamos música, tomamos unas copas, charlamos … A veces vamos al cine o a cenar fuera …
Periodista	¿Cambiarías tu vida por la de una persona normal?
Carlos	No, definitivamente no, prefiero seguir haciendo lo que hago.

diario vivir (m)	*daily living*
¿qué sueles hacer?	*what do you usually do?*
cumplir un horario	*to keep to a timetable*
vérselas con (uno)	*to deal with (someone)*
gruñón	*grumbling*
perder el tiempo	*to waste time*
de un lado a otro	*from one end to the other*
o lo que sea	*or whatever*
en cuanto a	*as regards*
imponer	*to impose*
darse una ducha	*to take a shower*
pastas (f pl)	*small cakes*
ordenador (m)	*computer*
a no ser que	*unless*
ser aficionado a	*to be fond of, to like*

Sí, pero vamos, no suele ocurrir. Notice the use of **vamos** here, a word of high frequency in spoken Spanish, used as a filler in hesitation, just as English uses the word *well*.

Comprehension exercise 1

Answer the following questions in Spanish.

a ¿Qué ventajas ve Carlos en trabajar en casa?
b ¿Cómo se describe Carlos?
c ¿Qué hace a las ocho de la mañana?
d ¿Por qué nadie suele interrumpir su trabajo?
e ¿Qué hace normalmente por la noche?

▶ 2 Un día normal

Alicia Álvarez, ejecutiva de una empresa textil, habla sobre su vida diaria.

Periodista   Alicia, ¿cómo es un día normal para una ejecutiva de una gran empresa?

Alicia   Bueno, difícilmente puedo hablar sobre lo que es un día normal para mí, ya que mis actividades son muchas y muy variadas. Pero, naturalmente, como casi toda la gente que trabaja, estoy sujeta a una cierta rutina que, quiéralo o no, tengo que cumplir. Vivo bastante lejos de la fábrica y por lo general salgo de casa a eso de las ocho, pues si lo hago más tarde el tráfico es fatal. Normalmente, llego a la fábrica sobre las nueve de la mañana, primero consulto mi agenda para ver qué actividades tendré que cubrir y seguidamente planeo el día con mi secretaria. Hay días de mayor actividad que otros, pero casi siempre estoy muy ocupada.

Periodista   ¿Vuelves a casa a comer?

Alicia   No, ¡qué va! Sería imposible, ya que tardaría mucho tiempo. Suelo comer en el restaurante de la empresa que no está nada mal.

Periodista   ¿A qué hora vuelves a casa normalmente?

Alicia   Pues, nunca antes de las nueve o las diez de la noche. Lo que pasa es que después de dejar la fábrica hago mis compras o voy a tomar una copa con algún amigo y de vez en cuando visito a mis padres.

Periodista   ¿Tienes alguna otra actividad, aparte de tu trabajo y tu vida social?

Alicia   Bueno sí, dos veces por semana voy a un gimnasio para mantenerme en forma y relajarme. En verano suelo ir a la piscina los fines de semana.

empresa (f)	*company*
estar sujeto a	*to be tied down*
quiéralo o no	*whether I like it or not*
agenda (f)	*diary*
cubrir	*to cover*
planear	*to programme*
mantenerse en forma	*to keep fit*
relajarse	*to relax*

¡Qué va! Notice this expression which in this context translates into English as *certainly not!* Other translations of this expression, depending on the context, are *nonsense!*, *rubbish!*, *nothing of the sort!*

Comprehension exercise 2

What phrases have been used in the dialogue to express the following:

a I can hardly speak ...
b Since (*or* given that) ...
c About *or* around (eight/nine o'clock)
d It would take me a long time.

e It's not bad at all.
f What happens is that ...
g To have a drink.
h From time to time.

▶ 3 ¿Qué hace usted?

Teresa González es ama de casa. Teresa habla acerca de su vida diaria.

Periodista   Teresa, ¿qué hace Vd. en un día normal?

Teresa   Pues, me levanto a eso de las siete y media para preparar el desayuno para mi marido y mis hijos. Mi marido se va al trabajo a las ocho y media y los chicos salen para el colegio sobre las nueve menos cuarto. Después me arreglo y salgo a hacer la compra del día. Voy al mercado que está a diez minutos de aquí, a la panadería, dos o tres veces por semana voy al supermercado, vamos, depende de lo que haga falta. Nunca es igual. Luego vuelvo a casa para preparar la comida.

Periodista   ¿Sus hijos y su marido vienen a casa a comer?

Teresa   Mis hijos sí, pero mi marido no.

Periodista   ¿Y por la tarde, qué hace?

Teresa   Pues, veo un rato la tele, a veces echo una siesta, pero vamos, normalmente no. Siempre hay algo que hacer en casa, lavar la ropa, planchar, coser ...

arreglarse	*to get dressed*
depende de lo que haga falta	*it depends on what we need*
rato (m)	*while, moment*
lavar la ropa	*to do the washing*
planchar	*to iron*
coser	*to sew*

Siempre hay algo que hacer en casa, lavar la ropa o planchar.

Note the use of **para** in: **para** preparar el desayuno **para** mi marido …, los chicos salen **para** el colegio …

Comprehension exercise 3

Study the dialogue once more if necessary and then complete these phrases with the missing information.

a Me levanto a eso de la siete y media para …
b Los chicos salen para …
c Después me arreglo y salgo a …
d Luego vuelvo a casa para …
e Miro un rato la tele, a veces …, pero vamos, normalmente no.
f Siempre hay algo que hacer en casa …

Key sentences

Talking about daily activities and habits

Suelo levantarme sobre las siete.	*I usually get up at about seven.*
Me doy una ducha.	*I take a shower.*
Bebo un café.	*I have a coffee.*
No acostumbro (a) comer mucho.	*I don't usually eat much.*

Saying how often you do something

A veces (como) unas tostadas.	*Sometimes I eat some toast.*
Nunca me llaman por la mañana.	*They never call me in the morning.*
A menudo vienen amigos a casa.	*Friends often come home.*

Other ways of indicating frequency

por lo general	*generally*
de vez en cuando	*from time to time*
generalmente	*generally*
siempre	*always*
normalmente	*normally*
una vez, dos veces por semana	*once, twice a week*
usualmente	*usually*

Relating a sequence of events

Me doy una ducha y **luego** bebo un café.	*I take a shower and then I drink coffee.*
Primero consulto mi agenda ... ... **seguidamente** planeo el día con mi secretaria.	*First I look up in my diary ... ... then I plan the day with my secretary.*
Después me arreglo.	*Then I get dressed.*

Other ways of relating a sequence of events

en primer lugar	*in the first place*
primeramente	*firstly, first*
antes que nada	*first of all*
a continuación	*next, immediately after*
finalmente	*finally*
por último	*finally*

Grammar

1 Using the present tense to describe routines

To refer to daily activities or habitual actions you normally use the present tense. When using the present tense remember that:

a   Some verbs are highly irregular, for example **ir**.

Vamos al cine.	*We go to the cinema.*

b Some verbs are only irregular in the first person singular, for example **salir**.

> **Salgo** de casa a eso de las 8.00.   *I leave the house at about 8.00.*

c Some verbs undergo a change in the stem (the main part of the verb without its ending), for example **venir**.

> A menudo **vienen** amigos a casa.   *Friends often come home.*

d Some verbs are reflexive (a reflexive verb is one that is normally indicated by **-se** added to the infinitive), for example **sentarse** (also stem-changing).

> **Me siento** frente al ordenador.   *I sit in front of the computer.*

Refer to your grammar book if you need to revise irregular, stem-changing and reflexive verbs.

2 *Soler* + infinitive; *acostumbrar* (a) + infinitive – to talk about habits and habitual actions

Soler translates into English as *to usually (do,* etc.) or *to be in the habit of.* In the present tense, this verb changes the '**-o**' of the stem into '**-ue**': s**ue**lo, s**ue**les, s**ue**le, solemos, soléis, s**ue**len.

> ¿Qué **sueles** hacer por la noche?   *What do you usually do at night?*
> **Suelo** comer en el restaurante de la empresa.   *I usually eat at the cafeteria in the company.*

As an alternative to the above you may use **acostumbrar (a)** with the infinitive – a less frequent construction. Notice, however that **acostumbrar** is a regular verb.

> **Acostumbro (a)** levantarme a las 7.00.   *I usually get up at 7.00.*
> ¿Qué **acostumbras (a)** hacer?   *What do you usually do?*

Language check

1 Complete this passage with the correct form of the verb in the present tense.

Me llamo Ricardo Aguirre, soy ingeniero y vivo en Bilbao. Trabajo en una fábrica de artículos electrodomésticos. Mis actividades habituales son las siguientes: normalmente (**despertarse**) a las 6.30 de la mañana, luego (**levantarse**) y (**ducharse**) y sobre las 7.30 (**desayunar**) con mi mujer y mis tres hijos. A las 8.30 (**salir**) de casa para ir a la fábrica. Por lo general (**ir**) en el coche, pero a veces (**coger**) el autobús. Al mediodía no (**volver**) a casa a comer, ya que normalmente yo (**almorzar**) con unos colegas en un restaurante cerca de la empresa. A las 7.00 (**marcharse**) a casa, pero de vez en cuando (**ir**) a un club deportivo donde (**jugar**) al tenis con algún amigo. Por la noche, después de cenar, a veces (**dar**) un paseo con mi mujer. Nunca (**acostarse**) antes de las 12.00.

2 Now relate Ricardo's daily routine referring to the previous passage. **Ricardo Aguirre es ingeniero y vive en Bilbao. Trabaja ...**

Practice

1 Imagine a dialogue similar to the ones you have just studied between the same journalist and Carmen Olmo, a secretary. First, you'll need to prepare the questions. Use the familiar form.

a Ask her what time she leaves the house.
b Ask how she goes to work.
c Ask what time she arrives in the office.
d Ask what she does in the morning.
e Ask what time and where she normally has lunch.
f Ask what time she leaves the office.
g Ask what she normally does in the evening.

Now, the following information will help you with the answers.

Nombre: Carmen Olmo García
Profesión: Secretaria
Actividades diarias:

i   8.30, salida de casa en dirección a la estación de metro más cercana para ir a la oficina.

ii   8.50–9.00, llegada a la oficina.

iii Lo que suele hacer en el trabajo: abrir la correspondencia, leerla y clasificarla; escribir las cartas que le dicta su jefe; recibir a los clientes de la empresa y fijar citas con el gerente; contestar el teléfono; asistir a reuniones …

iv   1.30, almuerzo con algunos compañeros de trabajo en el bar de la esquina.

v   7.00, salida de la oficina.

vi   Lo que acostumbra (a) hacer por la noche: cenar, ver la televisión, escuchar música, dar un paseo con su novio.

Check the notes in the **Key sentences** and **Grammar** sections and try using some of the words and constructions you've learnt. In the **Key to the exercises** you will find a basic model dialogue which you may want to look up once you have prepared your own version.

2 Read the passage below which tells you about the daily life of Miguel Ríos, a 24-year old postman from Chile. Then answer the questions which follow.

'Llevo cinco años trabajando en la Central Clasificadora de Correos, que es el centro postal más grande del país, por donde pasa el ochenta o el noventa por ciento de la correspondencia nacional … Ahora soy operador postal del turno A de **pequeños paquetes** o **muestras** que va desde las 8.30 de la mañana hasta las 5.20 de la tarde.

Me levanto sin despertador, María Liliana, mi señora (con quien estoy casado desde noviembre), me prepara un té y tostadas con mantequilla …, pero antes me baño, por supuesto …

Vivo en el Paradero 9 de la Gran Avenida y camino cinco cuadras para tomar el metro, luego me bajo en la Alameda, a una cuadra de mi trabajo, que queda en Exposición ... Trabajo todo el día en recepción, clasificación y despacho de los **pequeños paquetes**. Al mediodía tengo mi colación de una hora ...'

(Revista del Domingo, Diario El Mercurio, Santiago de Chile)

Central Clasificadora de Correos	*Central Sorting Office*
pasar	*to go through*
turno (m)	*shift*
pequeño paquete (m)	*small package*
muestra (f)	*sample*
despertador (m)	*alarm clock*
caminar	*to walk*
bajarse	*to get off*
cuadra (f)	*block* (Latin America)
que queda en ...	*which is in ...*
colación (f)	*light lunch* (Chile)

a ¿Cuánto tiempo lleva Miguel trabajando en Correos?
b ¿A qué se dedica?
c ¿Qué toma al desayuno?
d ¿Cómo va al trabajo?
e ¿Qué hace durante el día?
f ¿Cuánto tiempo dura su almuerzo?

▶ **3 ¡A escuchar!**

Pilar ha encontrado trabajo: Here is a conversation between Pilar Araya, a teacher from Peru, and her friend Antonio. Listen to the conversation if you have the recording or, alternatively, read the transcript on page 199 and use the text for reading comprehension. Look at the vocabulary and the questions first before you read or listen to the conversation. Only key words are given, as the idea is that you should try to get the gist of it rather than understand every single word. Don't be discouraged by unknown words, as you will probably be able to guess their meaning from the context. If you are using the recording, you may want to look at the transcript of the conversation after you have heard it a few times, then listen again without looking at the text. Every unit of the book contains an exercise like this, which will help you to increase your comprehension of spoken Spanish and enlarge your passive vocabulary.

reunión (f)	*meeting*
acompañar	*to accompany*
regalo (m)	*present*
cumpleaños (m)	*birthday*
¡chao!	(esp. Latin America) *Bye-bye!* (familiar)

¿Verdadero o falso?

a Pilar trabaja como profesora.
b Trabaja seis horas diarias.
c Empieza a trabajar a las 7.15.
d Por la tarde no hace nada.
e Los sábados no trabaja.

4 Study this passage about the daily activities of Martín López Zubero, a Spanish swimmer who lives in the United States. Then answer the questions which follow. Here are some key words:

zambullirse	*to dive*
entrenar	*to train*
remojarse	*to soak*
vestir	*to put on*
traje de baño (m)	*swimming trunks*
aplicarse una ducha	*to shower*
ligero	*light*

a What words and phrases have been used in the dialogue to express the following?

i Cada día, diariamente.
ii Se ducha.
iii Más tarde.
iv Otra vez.
v A eso de, alrededor de, sobre.
vi Quizá.
vii Ponerse (*clothes*).

Martín López Zubero se levanta todos los días a las 6 am. y toma una ducha. Media hora después se zambulle en la piscina, donde entrena hasta las 8,30. A esa hora vuelve a casa y, antes de desayunar un yogur con frutas, se remoja de nuevo con agua caliente y jabón. Va a clase a la Universidad y hacia las 15,00 regresa a consumir un almuerzo frugal. A lo mejor se da otra ducha antes de vestir de nuevo el traje de baño y nadar durante las tres horas siguientes. A las 18,00 deja la piscina, se aplica una ducha más y se dedica a estudiar. Cena algo ligero, ve televisión y al llegar las 23,00 ya duerme ...

(Revista Gente Nº 126, de Diario 16, Madrid, España)

b Answer the following questions in English.

i What does Martin do after his morning shower?
ii What does he do after breakfast?
iii What does he do at 3 pm?
iv What does he do at 6 pm?

02

tiempo de ocio

In this unit you will learn:
- how to make invitations
- how to make suggestions
- how to state preferences
- how to express likes and dislikes

▶ 1 ¿Qué te parece?

Pablo Dávila y Ana Ramírez se han conocido durante las vacaciones. En el bar del hotel hablan de cine.

Pablo   ¿Has visto la última película de Almodóvar?

Ana   No, aún no la he visto. Me han dicho que es muy buena. Me gustaría verla. ¿Tú la has visto?

Pablo   No, tampoco. La ponen en el cine Real en Málaga. ¿Qué te parece si vamos a verla esta noche? Podemos regresar aquí en el último tren.

Ana   Mira, la verdad es que hoy estoy muy cansada. Prefiero ir mañana. ¿Qué te parece?

Pablo   De acuerdo. Debe de haber una sesión a las seis y media o siete. Lo veré en el periódico.

Ana   ¿Te gusta mucho el cine?

Pablo   Bueno, sí, bastante. Suelo ir casi todas las semanas.

Ana   A mí también me gusta, pero no voy muy a menudo. Los fines de semana prefiero salir fuera de Madrid.

Pablo   ¿Adónde vas?

Ana   Normalmente a la sierra. Mis padres tienen una casa en San Rafael, pero no van mucho por allí. Yo sí. Suelo irme en el coche el viernes por la tarde y no regreso hasta el domingo por la noche. Es un lugar muy bonito y muy tranquilo y la casa tiene una vista espectacular. Tendrás que venir a verme algún día.

Pablo   Gracias. Me gustaría mucho.

Ana   ¡Qué calor hace!

Pablo   Sí, mucho. Yo voy a bajar a la playa. ¿Quieres venir conmigo?

Ana   Vale, vamos.

poner	to show (a film)
¿qué te parece si …?	what about …?
debe de haber una sesión	there must be a show
sierra (f)	mountain

Notes

a   Almodóvar. Pedro Almodóvar is a well-known Spanish film director. Among his films are *Matador*, *Mujeres al borde de un ataque de nervios*, *Todo sobre mi madre* and *Hable con ella*.

b ¿**Has visto** la última película? *Have you seen the latest film …?*

Me **han dicho** que es muy buena. *I've been told it's very good.*

Notice the use of the perfect tense in both sentences. **Visto** (seen) and **dicho** (told, said) are the irregular past participles of **ver** (to see) and **decir** (to tell, say) respectively. For more information on the perfect tense see Unit 8.

Comprehension exercise 1

Each of the following sentences contains wrong information. Read or listen to the conversation again and try to correct them.

a Ana ha visto la última película de Almodóvar y le gustaría verla otra vez.

b Ella y Pablo deciden ir al cine esa misma noche.

c Ana acostumbra ir al cine todos los fines de semana

d Ana se va a la sierra el domingo por la noche y no regresa hasta el viernes por la tarde.

▶ 2 Tiempo de ocio

En unas entrevistas realizadas por una radio española, tres personas hablan sobre su tiempo libre. El primer entrevistado, José, es un sudamericano que vive en España.

Presentador Buenas tardes. En nuestro programa de hoy nos referiremos al tema del ocio. ¿Qué hacen y cómo pasan su tiempo libre algunos de los habitantes de nuestra ciudad? En un mundo dominado por la televisión y por la imagen, en general, hay quienes dedican sus ratos de ocio a otras actividades. Nuestro primer entrevistado es José Ibáñez, de 23 años. José, ¿qué haces en tus ratos de ocio?

José Pues, normalmente practico deportes, principalmente fútbol, aunque también me gusta la natación. Tengo la suerte de vivir en un barrio donde hay un excelente polideportivo y eso ha incentivado mucho la práctica de los deportes. Antes de que se construyera el polideportivo sólo teníamos el campo de fútbol y si quería ir a la piscina tenía que ir a otro barrio. Tardaba por lo menos media hora en ir allí, por lo que no lo hacía muy a menudo. Ahora sí, practico con regularidad.

Me gusta la natación

Presentador	Gracias, José. Y ahora tenemos con nosotros a Antonia Rodríguez, de 35 años. Antonia, ¿a qué te dedicas en tu tiempo libre?
Antonia	Pues, tiempo libre tengo poquísimo, pues trabajo y además estoy casada y tengo dos hijos muy pequeños, pero, vamos, cuando disponemos de algún tiempo, mi marido y yo cogemos el coche y nos vamos con los chicos de paseo, pero eso no suele ocurrir muy a menudo. En verano sí, lo hacemos con más frecuencia. A veces nos vamos de camping. Hay un lugar muy bonito a pocos kilómetros de aquí que nos gusta mucho. Allí se está muy bien.
Presentador	Antonia, muchas gracias por estar con nosotros. Nuestro próximo invitado es Manuel Araya, de 55 años. Manuel, ¿qué prefiere hacer usted en sus ratos de ocio?
Manuel	Pues, yo soy un gran aficionado a la pintura, aunque mi trabajo habitual no tiene nada que ver con esto. Pero es una actividad que siempre me ha gustado y que he venido desarrollando desde que era muy joven. Cuando hay alguna exposición importante, nunca dejo de ir. Desgraciadamente, aquí la vida cultural es muy limitada y es poco lo que se puede aprender. Pero cuando voy a Madrid, voy siempre a algún museo. Prefiero el Museo del Prado, es el que más me gusta.
Presentador	Muchas gracias, Manuel, por haber venido.

ratos de ocio (m pl)	*leisure time*
natación (f)	*swimming*
tener la suerte de …	*to be lucky enough to …*
polideportivo (m)	*sports centre*

barrio (m)	neighbourhood
poquísimo	very little
disponer de tiempo	to have time
paseo (m)	drive, ride (in a car)
allí se está muy bien	it does us good to be there
no tiene nada que ver con ...	it has nothing to do with ...
por haber venido	for coming (Lit. for having come)

Notice the use of the imperfect tense in:

Si **quería** ir a la piscina.   *If I wanted to go to the swimming pool.*

Tenía que ir a otro barrio.   *I had to go to another district.*

Tardaba por lo menos ...   *It used to take me at least ...*
No lo **hacía** muy a menudo.   *I didn't do it very often.*

For the formation and other uses of the imperfect tense see Unit 5.

Comprehension exercise 2
Answer the following questions in Spanish.

a José Ibáñez nadaba menos antes que ahora. ¿Por qué?
b ¿Por qué no dispone de mucho tiempo libre Antonia Rodríguez?
c ¿Qué hacen ella y su marido cuando están libres?
d ¿Qué le gusta hacer a Manuel Araya en sus ratos de ocio?

Key sentences

Making invitations and responding to an invitation

Tendrás que venir a verme algún día. (*informal*)   *You'll have to come and see me some day.*

Gracias. Me gustaría mucho. (*formal/informal*)   *Thank you. I'd like to very much.*

¿Quieres venir conmigo? (*very informal*)   *Do you want to come with me?*

Vale. (*very informal*)   *OK.*

Other ways of making invitations

¿Por qué no viene/vienes a verme algún día? (*formal/informal*)

Why don't you come and see me some day?

Ven/venga a verme algún día. (informal/formal)

Come and see me some day.

Me gustaría invitarlo(a) a … (*very formal*)

I'd like to invite you to …

Making suggestions

¿Qué te parece si vamos a verla …? (*informal*)

What about going to see it …? or What if we go and see it …?

Podemos regresar aquí …

We can return here …

Other ways of making suggestions

¿Qué le/te parece si …? (*formal/informal*)

What about …?

¿Por qué no …? (*formal/informal*)

Why don't you/we …?

Le/te sugiero que (*followed by the present subjunctive, e.g.* vaya/s, *formal/informal*).

I suggest you (go).

Stating preferences

¿Qué prefiere hacer Vd.?

What do you prefer to do?

Prefiero ir mañana.

I prefer to go tomorrow.

Prefiero el Museo del Prado.

I prefer the Prado Museum.

Expressing likes and dislikes

¿Te gusta el cine?

Do you like going to the cinema?

A mí también me gusta.

I like it too.

Lo que más me gusta es nadar.

What I like most is swimming.

No me gusta.

I don't like it.

Grammar

1 Gustar *to like*

Remember that **gustar** is normally used in the third person singular or plural, and it may be followed by a noun (e.g. el museo *the museum*) or an infinitive (e.g. ir al cine *to go to the cinema*). In this construction, **gustar** is preceded by an indirect object pronoun:

me	gusta(n)	*I like it (them)*
te	gusta(n)	*you like it (them)* (familiar)
le	gusta(n)	*he or she likes it (them)*
		you like it (them)
nos	gusta(n)	*we like it (them)*
os	gusta(n)	*you like it (them)* (familiar)
les	gusta(n)	*they or you like it (them)*

For emphasis or to avoid ambiguity, as in **le gusta** (*he or she likes it or you like it*), use the following set of pronouns preceded by the preposition **a**:

a mí, a ti, a él, a ella, a usted, a nosotros/as, a vosotros/as, a ellos, a ellas, a ustedes.

Examples:

A él le gusta el cine.	*He likes going to the cinema.*
A mí también me gusta.	*I like it too.*
¿**A Vd.** le gusta?	*Do you like it?*
A mí no.	*I don't (like it).*

Negative sentences are formed by placing **no** before the indirect object pronoun.

No me gustan.	*I don't like them.*
A ella **no** le gustan.	*She doesn't like them.*

2 Parecer *to seem, think*

Parecer is normally used in a construction similar to that of **gustar**.

¿Qué te parece si ...?   *What do you think if ...?*
Me parece bien.   *It seems all right (to me).*

Language check

Complete each blank space in this dialogue with *one* word only.

Luisa	¿Qué haces en tu tiempo libre?
Juan Carlos	___ gusta ver la televisión.
Luisa	¿Qué tipos de programas te ___?
Juan Carlos	___ los programas deportivos, aunque también me ___ ver películas. ¿Y a ___ , qué ___ gusta hacer?
Luisa	Me ___ los deportes, la televisión ___ me gusta nada.
Juan Carlos	¿Qué deportes ___?
Luisa	La natación, es lo que ___ me gusta.
Juan Carlos	___ mí también. ¿Qué ___ parece si vamos a la piscina esta tarde?
Luisa	___ parece una excelente idea.

Practice

1 Study this dialogue between two friends.

José	¿Qué te parece si vamos al cine?
Elena	Vale, vamos. ¿Qué película te gustaría ver?
José	Podemos ver *Depredador*. ¿Qué te parece?
Elena	Bueno, la verdad es que ese tipo de película no me gusta nada. Yo prefiero ver *Las cosas del querer*. ¿Te parece bien?
José	De acuerdo. ¿Dónde la ponen?
Elena	En el cine Biógrafo. ¿A qué sesión prefieres ir? Hay una a las 7.00 y otra a las 9.00.
José	Prefiero ir a la de las 9.00.

Now make up a similar dialogue using the information in this advertisement.

(Guía del Ocio, Madrid)

---

pase (m) *or* **sesión** (f)   *show (cinema)*
V.O. (versión original)   *not dubbed*

---

2 Imagine you are being interviewed on Spanish television. The presenter wants to know about your leisure activities.

Presentador   ¿A qué se dedica usted en su tiempo libre?

Entrevistado(a)   *Say you have very little time. You work in an office from 9.00 to 5.00 and you are married and have three children. But when you can, you like to work in the garden and you also like to read. Now you are reading a novel by García Márquez, which you like very much. Ah, you are also studying Spanish, of course. You like Spanish a lot.*

Presentador   ¿Y en sus vacaciones viene Vd. normalmente a España?

Entrevistado(a)	*Not always. Although you like Spain very much, it is an expensive country now, so you prefer to go somewhere cheaper.*
Presentador	Bueno, nuestro programa tiene una invitación especial para usted. Dos semanas de vacaciones para dos personas en el hotel y lugar de su elección.
Entrevistado(a)	*Wonderful! Thank you very much.*

3 You and your travelling companion decide to stay in your hotel room and watch television. Your friend is busy at the moment, so can you tell him/her:

a What sort of films are on?

b What they are about?

LA VIEJA MEMORIA
***

Documental. Esp. 1977. 2h. 45m.
Director: Jaime Camino.

Un eficaz documental en donde, a través de entrevistas y una buena labor de montaje, el director Jaime Camino profundiza en los antecedentes de la Guerra Civil española y en los sucesos ocurridos en Cataluña durante la República. Pese a resultar excesivamente larga, la película se sigue bastante bien. Una lección de historia a no olvidar.

A MÍ NO ME MIRE USTED
***

Comedia. Esp. 1941. 1h. 19m.
Director: J. L. Sáenz de Heredia.
Intérpretes: Valeriano León, Manuel Arbó y Rosita Yarza.

Una de las cintas más atípicas de Sáenz de Heredia en torno a un maestro rural que utiliza sus poderes hipnóticos para imponer orden en su clase. Una comedia con ribetes casi surrealistas.

(Guía del Ocio, Madrid)

---

antecedentes (m pl)	*background*
suceso (m)	*event*
cinta (f)	*film*
en torno a	*about*
maestro/a (m/f)	*teacher*
ribetes (m pl)	*elements*

4 A Spanish-speaking friend has written to you announcing that he/she will be passing through your home town. Write a postcard to your friend inviting him/her to stay with you for a few days. Here's what you want to say:

a Say you have received his/her letter and that you are glad he/she is coming to your home town.

b Say you are sure he/she will like it very much.

c Invite him/her to stay at your house for a few days.

recibir	to receive
alegrarse (de que ...	to be glad (that ...)
with the subjunctive)	
estar seguro(a)	to be sure
unos días (m pl)	a few days
telefonear or **llamar por teléfono**	to telephone
confirmar	to confirm
llegada (f)	arrival

d Suggest he/she phones you to confirm his/her arrival.

▶ **5** **¡A escuchar!**

a The first exercise in this activity is centred on a commentary about a Latin American art exhibition in Madrid. Listen to the text if you have the recording or, alternatively, look at the transcript and use the text for reading comprehension.

First, look at the vocabulary and the questions below, then listen to the commentary a few times before you attempt to answer the questions. If the recording is too fast for you and you have difficulty in understanding, don't be discouraged by this. Remember that the idea is to try to get the gist of what it says rather than understand every single word. If you still have difficulty, look at the transcript of the text before you come back to the recording again.

asistencia (f)	attendance
exposición (f)	exhibition
asistentes (m/f)	public
obra (f)	work
connotado	famous
pintores (m)	painters
iberoamericano	Latin American
proveniente	from

i   How many works will the public be able to see?
ii   Where is the exhibition being held?
iii Which are some of the countries represented?
iv   What expressions are used in the text to say: *It is taking place, They will be able to see, It was opened by...?*

b The second piece is an announcement about a forthcoming cultural event taking place in Madrid. Once again, go through the text as suggested above, looking at the vocabulary first, then answer the questions below. The transcript is at the back of the book.

coloquio (m)	*talk*
campo (m)	*field, area*
acontecimiento (m)	*event*
espectáculo (m)	*show*
escenario (m)	*stage*

i   What is the name of the festival being announced?
ii   What activities will it include?
iii Which countries will be specially represented?

6 Leisure activities and sports sometimes can be a nuisance to others, as the person who wrote this letter to a Spanish newspaper seems to think. What does she complain about? Read it through and then say whether the statements which follow the text are true or false.

NO ME MEREZCO ESTO

Hace unos meses, y con mucho esfuerzo, compré un apartamento en el barrio de San Miguel. Buscaba la tranquilidad de un barrio alejado del centro de la ciudad, donde pudiera descansar y relajarme junto a mi familia después de una intensa semana de trabajo.

Creí que por fin había conseguido lo que tanto quería. Pero un buen día, en lo que antes era una tranquila esquina, justo enfrente de mi apartamento, se abrió una discoteca que no nos deja dormir por la noche. La música estridente y el constante ruido de quienes entran y salen empieza hacia la medianoche y no termina hasta el amanecer.

Yo no soy de las personas a

---

las que les gusta quejarse por cualquier cosa, pero me parece que la autorización para la instalación de una discoteca en una zona netamente residencial es un disparate y atenta contra la salud mental de las personas.

Nuestras quejas al Ayuntamiento no han dado resultado. Las autoridades locales nos han ignorado, como suele ocurrir.

¿Qué podemos hacer para recuperar nuestra tranquilidad? ¿A quién podemos recurrir, que nos escuche y nos entienda? ¿O debemos irnos de aquí y dejar este lugar que tanto esfuerzo y dinero nos costó adquirir? ¡Ayúdennos, por favor!

Carmen Martínez
Sevilla

merecer	*to deserve*
esfuerzo (m)	*effort*
relajarse	*to relax*
abrirse	*to open up*
dejar	*to let*
estridente	*loud*
ruido (m)	*noise*
quejarse por cualquier cosa	*to complain about everything/ anything*
disparate (m)	*outrage*
atentar contra	*to threaten*
ayuntamiento (m)	*town hall*
recuperar	*to recover*
recurrir a	*to turn to*
adquirir	*to acquire, obtain*

¿Verdadero o falso?

a Carmen quería un apartamento cerca del centro de la ciudad.
b Enfrente del apartamento que compró había una discoteca.
c A Carmen le molesta el ruido de la discoteca.
d La música y el ruido continúan hasta la medianoche.
e Carmen no suele quejarse.
f El Ayuntamiento va a cerrar la discoteca.

03

¡a trabajar!

In this unit you will learn:
- how to describe your job
- how to discuss working conditions
- how to say what you like or dislike about your job
- how to refer to events which began in the past and which are still in progress

▶ 1 Hablando de trabajo

En un vuelo hacia un país de habla española, dos extraños hablan sobre su trabajo.

Señor ¿Adónde va usted?

Señora Voy a Lima. ¿Y usted?

Señor Yo voy a Santiago de Chile.

Señora ¿Va de vacaciones?

Señor No, voy por negocios. Soy representante de una empresa de maquinaria agrícola. ¿Y usted va de vacaciones?

Señora No, yo también voy por razones de trabajo, aunque también me tomaré unos días de vacaciones. Pero, principalmente voy de compras. Tengo una tienda de artesanía y en Perú compramos muchos de los artículos que vendemos. También en México. Tienen una artesanía maravillosa.

Señor Vd. es peruana, ¿verdad?

Señora Sí, soy peruana, pero vivo en España desde hace muchos años. ¿Y usted ha estado antes en Sudamérica?

Señor Solamente en Venezuela y en Colombia. Conozco muy bien Venezuela. Trabajé dos años allí en una empresa de petróleo …

Señora Le gusta viajar, supongo.

Señor Bueno sí, es una de las cosas que más me gusta de mi trabajo. Viajo constantemente.

Señora A mí me encanta viajar, pero no lo hago muy a menudo. Ésta es una excepción. Normalmente las compras las hace mi socio, pero esta vez me ha tocado a mí. Además, necesitaba un descanso.

Señor ¿Cuánto tiempo va a quedarse en Perú?

Señora Dos semanas solamente. Dedicaré una semana a mis compras y luego me iré por una semana a Arequipa a visitar a mis padres.

voy por negocios	*I am going on business*
maquinaria agrícola (f)	*agricultural machinery*
artesanía (f)	*handicrafts*
suponer	*to suppose*
socio (m)	*partner*
esta vez (f)	*this time*
tocar	*to be one's turn*
colega (m/f)	*colleague*

Notice the indirect object pronouns **me, le, nos** in these sentences.

Me ha tocado a mí.	*It has been my turn.*
Le ha tocado a él or **a ella,**	*It has been his, her, your*
a usted.	*turn.*
Nos toca a nosotros.	*It is our turn.*

Note also **¿A quién le toca?** *Whose turn is it?*

Comprehension exercise 1

Summarize briefly in English all the information given by the man about the purpose of his trip and his work. Then write another summary with the information given by the woman.

▶ 2 ¿En qué trabajas? ⑨

Mercedes y Paloma acaban de conocerse en casa de un amigo común. Las dos chicas hablan sobre sus actividades.

Mercedes ¿En qué trabajas tú?

Paloma Trabajo en la oficina de turismo.

Mercedes ¡Qué bien! Es un trabajo interesante, ¿no?

Paloma Pues sí, lo que pasa es que llevo mucho tiempo allí y estoy un poco aburrida. Pero, vamos, tampoco me puedo quejar. El sueldo no está nada mal y tengo un mes de vacaciones al año.

Mercedes ¿Cuánto tiempo hace que trabajas allí?

Paloma Casi cinco años. Al principio me gustaba mucho, especialmente el contacto con el público. Eso era lo que más me gustaba, pero luego te das cuenta de que el trato es más bien impersonal y estás repitiendo casi siempre lo mismo …, que dónde está esto, dónde está lo otro, que si tiene usted un mapa, y cosas por el estilo … Bueno, ¿y tú qué haces?

Mercedes Soy profesora. Enseño español a extranjeros en un instituto de idiomas.

Paloma ¿Y qué tal? ¿Te gusta?

Mercedes Pues, enseñar sí me gusta, lo que no me gusta es el sueldo. Nos pagan muy poco.

Paloma ¿Por qué no pides un aumento?

Mercedes ¡Vamos, que la cosa no es tan fácil!

Paloma   ¿Cuánto tiempo llevas trabajando allí?
Mercedes Un año solamente, pero espero cambiarme pronto.
Paloma   Bueno, ¡que tengas suerte!
Mercedes Gracias, tú también.

aburrido(a)	*bored*
quejarse	*to complain*
al principio (m)	*at the beginning*
darse cuenta	*to realize*
trato (m)	*relationship*
cosas por el estilo	*things like that*
enseñar	*to teach*
extranjero (m)	*foreigner*
aumento (m)	*increase*
¡que tengas suerte!	*I hope you are lucky!*
pero, vamos ...	*but, well ...*

Comprehension exercise 2

Answer the following questions in Spanish.

a ¿Qué siente Paloma en relación con su trabajo?
b ¿Qué dice sobre su sueldo?
c ¿Cuánto tiempo hace que trabaja en el mismo lugar?
d ¿Qué es lo que más le gustaba cuando empezó a trabajar?
e ¿A qué se dedica Mercedes?
f ¿Le gusta su trabajo? ¿Y el sueldo?

Key sentences

Describing your job

Tengo una tienda de artesanía.	*I have/own a handicraft shop.*
Soy profesora.	*I am a teacher.*
Trabajo en la oficina de turismo.	*I work in the tourist office.*

Discussing working conditions

El sueldo no está nada mal.	*The salary is not bad at all.*
Tengo un mes de vacaciones al año.	*I have a month's holiday a year.*

Saying what you like or dislike about your job

Es una de las cosas que más me gusta de mi trabajo.	*It is one of the things I like most about my job.*
Me gusta enseñar.	*I like teaching.*

Referring to events which began in the past and which are still in progress

¿Cuánto tiempo llevas trabajando allí?	*How long have you been working there?*
¿Cuánto tiempo hace que trabajas allí?	*How long have you been working there?*
Llevo mucho tiempo allí.	*I have been there for a long time.*

Grammar

1 *Llevar* followed by gerund

This construction is used to refer to events which began at some point in the past but which are still now in progress. Consider again the sentences in **Dialogue 2** and these further examples.

¿Cuánto tiempo **llevas viviendo** en este piso?	*How long have you been living in this flat?*
Llevo dos años **viviendo** aquí.	*I have been living here for two years.*
¿**Lleváis** mucho tiempo **trabajando** juntos?	*Have you been working together for a long time?*
Llevamos seis meses **trabajando** juntos.	*We have been working together for six months.*

If the context makes it clear, as with **vivir** and **trabajar,** the gerund **viviendo, trabajando** may be omitted. For example:

¿Cuánto tiempo **llevas** en Barcelona?	*How long have you been (living) in Barcelona?*
Él **lleva** cinco años en esta empresa.	*He has been (working) in this company for five years.*

Llevar may also be used in the imperfect tense to refer to an action which began in the past and which continued until some point in the past. For example:

María **llevaba** diez años (**trabajando**) en esa firma cuando cerró.	*Maria had been (working) in that firm for ten years when it closed.*

To form the gerund add **-ando** to the stem of **-ar** verbs and **-iendo** to that of **-er** and **-ir** verbs. e.g. trabajar, trabajando, vivir, viviendo.

2 *Hace* + time phrase followed by *que* + present tense

An alternative to the construction above is this one with **hace** in the third person. Consider again the example in **Dialogue 2** and then these further examples:

¿Cuánto tiempo **hace que vives** en España?	*How long have you been living in Spain?*
Hace un año **que vivo** en España.	*I have been living in Spain for a year.*
or	
Vivo en España **desde hace** un año.	*I have been living in Spain for a year.*

Notice also the use of **hacer** in the imperfect tense:

Hacía tres años que yo no la **veía**.	*I hadn't seen her for three years.*

Compare this sentence with:

Hace tres años que yo no la **veo**.	*I have not seen her for three years.*

Language check

1 How would you ask Antonio how long he has been doing each of the following and how would he reply? Use the construction with **llevar** with an appropriate verb: jugar, hacer yoga, estudiar, tocar, vivir, trabajar.

a
Tres años

b
Dos años y medio

Cinco años

Cuatro años

Seis meses

Tres semanas

2 Can you now say how long Antonio has been doing each of these activities? This time use the alternative construction with **hace** + time phrase.

Practice

1 Complete the blanks in this passage with the appropriate words.

Me llamo Martín Iglesias, ____ hace cuatro años trabajo ____ administrativo en una agencia ____ empleos. Es mi primer ____ y estoy bastante contento con ____, ya que tengo la ____ de relacionarme con mucha gente ____, especialmente gente joven que ____ trabajo por primera vez. Eso es ____ que más me gusta.

Mi ____ de trabajo no está mal, pues ____ a las 9.00 de _____ mañana y termino a las 6.00. Los sábados ____ tengo libres. Mis vacaciones ____ de tres semanas.

Mi ____ no es muy bueno, ya que ahora sólo ____ 600 euros al mes, pero _____ que a comienzos del año que ____ me den un aumento.

Lo único que no me ____ de mi trabajo es que tengo que viajar mucho, pues ____ bastante lejos del barrio ____ vivo, pero en el futuro espero ____ a un lugar más cercano.

2 On a flight to Spain you spotted the following job advertisement in a Spanish newspaper.

CONTABLE
Se requiere:
– Titulación a nivel de Licenciado en CC Económicas-Empresariales.
– Buenos conocimientos de control presupuestario, inglés e informática a nivel de usuario.

ADMINISTRATIVO / INGLÉS
Se precisa:
– Dominio del idioma inglés oral y escrito.
– Experiencia mínima de dos años, preferiblemente en empresa de actividad técnica.

SECRETARIA BILINGÜE
Se requiere:
– Dominio del idioma inglés.
– Titulación a nivel de FP-II o BUP
– Se valorará experiencia en el desempeño de un puesto similar.

En todos los casos se ofrece incorporación a prestigiosa compañía, con posibilidades reales de promoción y desarrollo profesional.

Interesados, enviar currículum vitae a PSICOTEC, S.A., calle de Ortense, 9,1 derecha. 28020 Madrid, indicando en sobre y carta la referencia del puesto solicitado.

---

contable (m/f)	*accountant*
titulación (f)	*degree*
licenciado en …	*graduate in …*
CC. (Ciencias) Económicas–Empresariales	*economics–business administration*
presupuestario	*budget* (adjective)
informática (f)	*computing*
FP (Formación Profesional)	*vocational training*
BUP (Bachillerato Unificado Polivalente)	*secondary education*
dominio (m)	*command*
valorar	*to take into consideration*
desempeño (m)	*performance*

---

a What degree do you need to apply for the first job?
b What are other requirements for the same post?

c What are the requirements for the post of **Administrativo/Inglés**?

d What are the basic requirements for the third post?

3 You will be spending six months at a language school in Spain and you wish to do some part-time work to earn some money and have contact with Spanish people. Two job advertisements in a newspaper attract your attention.

**PERSONA MAYOR
DE 23 AÑOS
70 EUROS DIARIOS
SUPERABLES**

Llamar de 9.00 a 14.00 horas y
de 16.00 a 19.30 horas.

**TELS.: 471 14 00 y
462 79 00**

PREGUNTAR POR LA SRTA. TOÑI

¡¡OPORTUNIDAD ÚNICA!!

**PERSONAS MAYORES
DE 23 AÑOS**

Empresa líder Ofrece:
TRABAJO 3 HORAS DIARIAS

– FORMACIÓN A NUESTRO CARGO
– 1,400 EUROS MENSUALES

TELEF.: 361 25 88

You decide to telephone to get more information on the jobs. Here is your first telephone conversation:

Telefonista Hispánica, buenos días. ¿Dígame?

Tú *Good morning. Say you are calling about the advertisement in the newspaper and that you would like to speak to señorita Toñi.*

Telefonista Un momento, por favor. No cuelgue. (*pausa*) ¿Oiga?

Tú *Yes?*

Telefonista La extensión de la señorita Toñi está comunicando. ¿Quiere Vd. esperar?

Tú *It's all right. You'll wait. (pausa)*

Telefonista ¿Oiga? Le pongo con la señorita Toñi.

Srta. Toñi ¿Sí, dígame?

Tú *Say good morning, give your name and say you have seen the advertisement in the newspaper and that you would like to have more information about the job.*

Srta. Toñi   Bueno, se trata de una editorial y necesitamos vendedores a domicilio para ofrecer nuestra nueva enciclopedia. ¿Tiene Vd. experiencia en este tipo de trabajo?

Tú   *Yes, you worked as a salesman/woman for a time although you have never sold books. But you are willing to learn. You are living in Spain now (don't say it's only for six months) and you need to earn some money and this is the sort of job you are looking for. You are very interested in it.*

Srta. Toñi   Bueno, nosotros daremos entrenamiento al personal que seleccionemos. Si Vd. quiere le puedo enviar un folleto informativo sobre la empresa, nuestros productos y las condiciones de trabajo. Le incluiremos, además, una solicitud, y si a Vd. le interesa el puesto puede rellenarla y enviarla con una fotografía reciente. Me da su nombre y dirección, por favor.

Tú   *Give your name and address.*

anuncio (m)	*advertisement*
no cuelgue	*don't hang up*
le pongo con ...	*I'll put you through to ...*
vendedor(a) a domicilio	*door to door salesman (woman)*
estar dispuesto a	*to be willing to*
entrenamiento (m)	*training*
solicitud (f)	*application form*
rellenar	*to fill in*
está comunicando	*it is engaged*

4 Roberto Urrutia from Chile needed a letter from his boss to get a loan. This is part of the letter written by Roberto's boss to the company that requested the references.

García y Cía.
Calle Miraflores 546, Santiago, Chile

Santiago, 4 de octubre de 2003

Señora Carmen Aldunate
Gerente PROCASA S.A.
Avenida El Bosque 321, Las Condes, Santiago

Estimada señora:

En respuesta a su carta del 15 del corriente, me es muy grato
confirmar que el señor Roberto Urrutia trabaja como jefe de ventas
en nuestra empresa desde hace cinco años. El señor Urrutia gana
actualmente un sueldo bruto de ochocientos mil pesos mensuales.

Forms of address in letter writing

Formal

Muy señor mío:	*Dear Sir,*
Muy señores míos:	*Dear Sirs,*
Estimado señor:	*Dear Sir,*
Estimada señora:	*Dear Madam,*

Less formal

Estimado señor Díaz/Juan:	*Dear Mr Díaz/Juan,*
Estimada señorita Pérez/Ana:	*Dear Miss Pérez/Ana,*

Informal

Querido Carlos:	*Dear Carlos,*
Querida María:	*Dear Maria,*

Introductory phrases

En respuesta a ...	*In reply to ...*
Me es muy grato ...	*I am pleased to ...*
Acuso recibo de su carta de fecha ...	*I acknowledge receipt of your letter of ...*
En contestación a su carta de fecha ...	*In answer to your letter of ...*
... de fecha (12 de marzo)/ (10) del corriente/de los corrientes	*... of (12th March)/(10th) of the current month*
El objeto de la presente es ...	*This is to ...*

Formal close

Atentamente *or* Le(s) saluda (muy) atentamente	*Yours truly* or *Yours sincerely*

Less formal

Un cordial/afectuoso saludo (de) ...	*Best wishes (from) ...*

Informal close

Un (fuerte) abrazo (de) ...	*Love (from) ...*

Imagine your boss is giving similar information about you. Write the letter you are likely to get. Give your own or an imaginary occupation and salary.

▶ 5 ¡A escuchar!

Hablando de trabajo: A journalist from a Spanish magazine conducted a series of interviews with people at work. Here are two of those interviews. If you have the recording, you can treat this as a listening comprehension exercise, following the suggestions given in the introduction to the book and in previous units. If you do not have the recording, you can use the transcripts of the interviews for reading comprehension. In either case, refer to the notes and questions below.

María del Carmen Salas

This is the first interview. As you listen (or read) fill in the form below with the information given by María del Carmen. If you are using the recording and have difficulty in understanding, listen again as many times as you need. Then you'll be able to check the transcript before you go back to the recording again.

publicarse	to be published
artículo (m)	article
agradar	to like
terreno (m)	field
lectora (f)	reader
satisfacer	to satisfy
exigir	to demand
estar dispuesta a	to be ready or willing to

MARÍA DEL CARMEN SALAS

Edad: ....

Profesión: ....

Deberes:..

Aspectos que considera positivos en su profesión: ....

....

....

....

Aspectos que considera difíciles en su profesión: ....

....

....

....

Now listen to (or read) the interview once more and, as you do so, give the Spanish for the following phrases used by María del Carmen and the interviewer.

a Could you tell me what you do for a living?
b I am in charge of ...
c What do you like most about your profession?
d Field work.
e That is what I like most.
f Is there anything you don't like about your work?
g They are very demanding.
h You have to renew yourself constantly.

Javier Molina

In the second interview, Javier Molina talks about his job at the tourist information office in Alicante. Listen to (or read) the interview and then answer the questions below in Spanish.

funcionario (m)	*official*
tener suerte	*to be lucky*
propiedad (f)	*property*
seguro	*safe* (adjective)

Answer the following questions in Spanish.

a ¿Cuánto tiempo hace que trabaja Javier en la Oficina de Turismo de Alicante?
b ¿Dónde trabajaba antes?
c ¿Por qué decidió cambiarse?
d ¿Cómo describe su nuevo puesto?
e ¿En qué consiste su trabajo?
f ¿Qué tipo de información piden los turistas?

6 Read the text that follows which looks at the job prospects of Spanish graduates and, as you read it, answer the questions on page 41 in English.

CÓMO ENCONTRAR EL PRIMER EMPLEO

La búsqueda del primer empleo es una de la cosas que más preocupa a los jóvenes españoles, como seguramente lo es para el resto de la juventud europea. La obtención de un título universitario no es garantía de trabajo, pero sí aumentará las posibilidades de acceso al mundo laboral.

Según los datos de una encuesta realizada por la empresa Edis entre estudiantes españoles, y corroborado en una entrevista con la revista Cambio 16 por el Secretario de Estado de universidades e investigación, 'el índice de paro entre los universitarios es de dos veces menor que la media nacional entre jóvenes de su misma edad sin estudios superiores. Es decir, a pesar de esa frase que circula que la Universidad es una fábrica de parados, se puede asegurar que tener un título universitario es un pequeño seguro contra el paro.'

Ahora, las carreras con mayor salida laboral – según revela la encuesta – corresponden a idiomas, informática y tecnología en general. Aunque saber uno o más idiomas sin tener ninguna otra especialización no es garantía absoluta de empleo. Las empresas requieren individuos con una formación integral. Así, un ingeniero o técnico con conocimientos de idiomas extranjeros tendrá posiblemente menos dificultades para encontrar su primer empleo que aquél que no los tenga.

Según los datos obtenidos en la encuesta, en España el mayor número de parados se da dentro de las profesiones tradicionales, tales como filosofía y letras, medicina, derecho, biología, mientras que el menor número de parados lo encontramos en las áreas de ingeniería técnica de comunicaciones, náutica, ingeniería de caminos, canales y puertos, tecnología del sector sanitario, física, matemáticas, etc.

Tal como ocurre en otros sectores del mundo laboral, la mujer graduada encuentra más dificultades que el varón para obtener un empleo, y el paro es, en términos relativos, superior en las mujeres que en los hombres.

(Revista Cambio 16, Nº 859)

búsqueda (f)	*search/hunt*
encuesta (f)	*survey*
salida laboral (f)	*job prospects, opportunities*
parado	*unemployed* (adjective)
parados (m)	*the unemployed* (in general)

paro (m)	unemployment
media (f)	average
informática (f)	computer science
filosofía y letras (f)	humanities
derecho (m)	law
sector sanitario (m)	health sector

a What is one of the things that worries young Spanish people most?
b What are the advantages of having a university degree?
c How does unemployment among university graduates compare with the national average for people without higher education?
d Which are the careers with better job prospects?
e Which are the professions with the highest number of unemployed people?
f What is the position of women graduates with regard to employment?

04

de vuelta al colegio

In this unit you will learn:
- how to talk about your studies, including languages you speak, and give similar information about other people
- how to refer to past events
- how to say how long ago something happened
- how to make enquiries

▶ 1 Usted habla muy bien español

En una reunión social en un país de habla española, hablan dos desconocidas, Francisca Bravo y Sarah Parker.

Francisca   Vd. es inglesa, ¿verdad?

Sarah   Sí, soy inglesa, de Bath. ¿Conoce Vd. Inglaterra?

Francisca   Sí, estuve en Londres con mi marido hace un par de años. Nos gustó mucho. Es una ciudad muy bonita. Me gustaría mucho volver. ¿Y Vd. está aquí de vacaciones?

Sarah   No, mi marido ha sido enviado aquí por su empresa y nos quedaremos tres años.

Francisca   ¡Estupendo!, Vd. habla muy bien español.

Sarah   Gracias. Estudié español en la escuela y antes de venirme hice un curso intensivo de tres meses. Pero todavía me falta mucho por aprender. Espero tomar algún curso en una escuela de idiomas. ¿Y Vd. habla inglés?

Francisca   ¡Uy! Lo hablo, pero muy mal. Me da vergüenza decirlo. Mi marido sí, él habla inglés bastante bien. Lo aprendió en Estados Unidos. Vivió allí antes de que nos casáramos. También habla algo de alemán, y el francés lo domina perfectamente. Su madre es francesa.

Sarah   ¡Qué bien! A mí me encantan los idiomas.

ha sido enviado	he has been sent
un par (m)	a couple
todavía me falta mucho por aprender	(still) I have a lot to learn
me da vergüenza	I feel ashamed.
antes de que nos casáramos ...	before we got married ...
lo domina perfectamente	he is perfectly fluent

¿Verdadero o falso?

a Francisca está en Londres con su marido desde hace un par de años.

b Londres les agradó mucho.

c El marido de Sarah es empresario.

d Los primeros estudios de español de Sarah los hizo en la escuela.

e Francisca vivió en Estados Unidos antes de que se casara.

f Su marido domina el inglés, el alemán y el francés.

▶ 2 Pidiendo información

Sarah Parker pide información sobre cursos de español en una escuela de lenguas.

Secretaria	Buenos días. ¿Qué desea?
Sarah	Buenos días. ¿Podría darme información sobre los cursos de español para extranjeros?
Secretaria	¿Quiere usted pasar a la oficina número veinte, por favor? Allí le darán toda la información que necesite. Está al final del pasillo.
Sarah	Gracias.
	(*En la oficina Nº 20*)
Encargado	Buenos días, ¿dígame?
Sarah	Buenos días. He venido a pedir información sobre los cursos de español para extranjeros.
Encargado	¿Vd. es profesora de español? Se lo pregunto porque para profesores extranjeros de español tenemos cursos especiales.
Sarah	No, no, estoy interesada en un curso general.
Encargado	Bueno, en ese caso le puedo recomendar el curso general que empieza el 31 de julio y termina el 26 de agosto.
Sarah	¿Del 31 de julio al 26 de agosto me ha dicho?
Encargado	Exactamente. Son cuatro semanas en total. También tenemos un curso intensivo que va del 3 al 29 de julio y un curso abreviado del 28 de agosto al 16 de septiembre.
Sarah	Prefiero el curso general. No dispongo de mucho tiempo como para hacer el curso intensivo y el curso abreviado no es suficiente. ¿Cuál es el horario de clases?

Encargado	Bueno, en el caso del nivel superior, que es el que le correspondería a Vd. por su nivel de español, las clases de lengua son de 9.00 a 1.00. Y por la tarde, de 5.00 a 7.00, hay un ciclo de conferencias sobre cultura y civilización hispánicas.
Sarah	Perdone, no he entendido lo último que me ha dicho.
Encargado	He dicho que entre las 5.00 y las 7.00 de la tarde hay una serie de conferencias sobre cultura y civilización.
Sarah	¿Y ... puede decirme cuánto cuesta la matrícula?
Encargado	Un momento, por favor, le daré un folleto informativo que incluye los precios y el boletín de inscripción. También tiene aquí información sobre alojamiento en caso de que lo necesite.
Sarah	Muchas gracias.

al final del pasillo	*at the end of the corridor*
curso abreviado (m)	*short course*
no dispongo de ...	*I haven't got ...*
nivel superior (m)	*advanced level*
matrícula (f)	*registration*
folleto informativo (m)	*information brochure*
alojamiento (m)	*accommodation*

Comprehension exercise

Answer the following questions in Spanish.

a ¿Por qué le pregunta el encargado a Sarah si ella es profesora de español?

b ¿Qué duración tiene el curso general? ¿Y el curso abreviado?

c ¿Por qué no desea hacer el curso intensivo Sarah?

d ¿Qué le da el encargado a Sarah?

Key sentences

Saying what you have studied and what languages you speak

Estudié español en la escuela.	*I studied Spanish at school.*
Lo hablo (el inglés), pero muy mal.	*I speak it, but very badly.*
Él habla inglés bastante bien.	*He speaks English very well.*

Referring to past events

Estudié español.	*I studied Spanish.*
Lo aprendió en EE. UU.	*He learnt it in the United States.*
Vivió allí antes de que nos casáramos.	*He lived there before we got married.*

Saying how long ago something happened

Estuve en Londres con mi marido hace un par de años.	*I was in London with my husband a couple of years ago.*

Making enquiries

¿Podría darme información sobre los cursos de español?	*Could you give me information about the Spanish courses?*
¿Puede decirme cuánto cuesta la matrícula?	*Can you tell me what the registration fees are?*

Grammar

1 The preterite tense

Usage

To refer to events which are past and complete and to events which lasted a definite period of time and ended in the past, you use the *preterite tense* or *simple past tense*. For example:

Lo **aprendió** en Estados Unidos.	*He learnt it in the United States.*
Estudié español durante dos años.	*I studied Spanish for two years.*

Formation

The preterite tense has two sets of endings, one for -**ar** verbs and another one for -**er** and -**ir** verbs. Here are two fully conjugated verbs: **estudiar** *to study* and **aprender** *to learn*.

estudié	*I studied*	estudiamos	*we studied*
estudiaste	*you studied* (familiar)	estudiasteis	*you studied* (familiar)
estudió	*he/she/you studied*	estudiaron	*they/you studied*

aprendí	*I learnt*	aprendimos	*we learnt*
aprendiste	*you learnt*	aprendisteis	*you learnt* (familiar)
aprendió	*he/she/you learnt*	aprendieron	*they/you learnt*

For irregular verbs in the preterite, such as **hacer** *to do, make*, **hice, hiciste, hizo …**, **estar** *to be*, **estuve, estuviste, estuvo …**, see your grammar book.

2 Hace *ago*

With a verb in the preterite tense, **hace** translates into English as *ago*.

> **Estuve** en Londres con mi marido **hace** un par de años.   *I was in London with my husband two years ago.*

Compare this construction with the one you learnt in Unit 3, such as:

> **Hace** un año que **vivo** en Madrid.   *I have been living in Madrid for a year.*

3 Direct object pronouns

The word **lo** in **lo hablo** *I speak it*, **lo aprendió** *he learnt it*, is a direct object pronoun. You use a direct object pronoun to avoid the repetition of a noun, in this case the word **el inglés**, *English*.

> ¿Y usted habla inglés?   *And do you speak English?*
> **Lo** hablo, pero muy mal.   *I speak it, but very badly.*

Here is the complete set of direct object pronouns:

Singular		**Plural**	
me	*me*	nos	*us*
te	*you* (familiar)	os	*you* (familiar)
lo	*you, him, it* (m)	los	*you, them* (m)
la	*you, her, it* (feminine)	las	you, them (feminine)

Here are some further examples:

> **La** vi ayer.   *I saw her/it yesterday.*
> **Nos** llamó.   *He/she called us.*

In Madrid and in some regions of central Spain you are more likely to hear **le**, **les**, instead of **lo**, **los**, for human males – singular and plural respectively – all of which are considered correct. It may be easier for you to memorise the following simple rule when using the masculine form of direct object pronouns: *use* **lo** *and* **los** *for things and* **le** *and* **les** *for people.*

| ¿Conoces a Juan? | *Do you know Juan?* |
| Sí, **le** (or **lo**) conozco. | *Yes, I know him.* |

4 Indirect object pronouns

To say *to/for me, to/for you, to/for him, her*, etc., you use the following set of words which are called *indirect object pronouns.*

Singular		**Plural**	
me	*me, to me, for me*	nos	*us, to us, for us*
te	*you, to you, for you* (familiar)	os	*you, to you, for you* (familiar)
le	*you, him/her, to you, him/her, for you, him/her*	les	*you, them, to you, them for you, them*

Examples:

| ¿Podría dar**me** información …? | *Could you give me information…?* |
| Allí **le** darán toda la información … | *There they will give you all the information …* |

If you have two object pronouns, one direct and one indirect, the indirect one comes first.

| Él **me** lo explicó. | *He explained it to me.* |

When the indirect object **le** (or **les**) precedes **lo, la, los** or **las**, the indirect object becomes **se**. For example:

Le pregunto.	*I ask you.*
Lo pregunto.	*I ask about it.*
Se lo pregunto.	*I ask you (about it).*

Notice that object pronouns normally precede the verb, but in phrases where a verb precedes an infinitive, the object pronouns may either precede the main verb or be attached to the infinitive. For example: ¿Podría dar**me** información …? or ¿**Me** podría dar información?

Language check

1 Read this extract from a letter written by Alfonso to his pen friend in England and complete each blank space in the letter with a verb from the box. Use the preterite tense.

Querida Bárbara:

.... mucho de recibir carta tuya nuevamente y de saber que te .... bien en tus exámenes. Por lo que me cuentas, el curso que .... era bastante difícil.

Me preguntas si he estudiado inglés. Bueno, la verdad es que lo .... durante varios años, pero nunca .... hablarlo correctamente. Creo que no .... un buen profesor y además éramos muchos en la clase y no teníamos oportunidad de practicarlo. Pero hace unos seis meses .... a un curso intensivo en una escuela de lenguas que se .... aquí en Segovia y .... bastante. .... estudiar mucho, pues teníamos seis horas diarias de clases, pero creo que .... la pena, ya que ahora al menos puedo comunicarme y entiendo casi todo. Espero que cuando te visite en Inglaterra me puedas ayudar ...

---

estudiar	aprender	asistir
abrir	alegrarse	merecer
conseguir	ir	tener que
tener	hacer	

2 Complete the blank spaces below with the correct object pronouns: **me, te, lo, le,** etc.

a ¿___ puedes explicar lo que significa esta frase? No entiendo muy bien el español. Por supuesto, yo ___ ___ explicaré.

b ¿Habla Vd. español? ___ hablo, pero no muy bien.

c Carlos habla demasiado rápido. No ___ entiendo casi nada.

d Por favor, cuando llegue María diga___ que ___ llame. Necesito preguntar___ algo. Muy bien, ___ ___ diré.

e Por favor, ¿podría dar___ información sobre los cursos de español? Un momento, por favor, ___ ___ daré en seguida, y ___ daré también un folleto informativo.

Practice

1 At a conference in a Spanish-speaking country you engage in informal conversation with one of the participants.

Señor   Vd. habla muy bien español.

Tú   (*Thank him. Say that is very kind of him.*)

Señor   ¿Dónde lo aprendió?

Tú   (*Say you learnt it at school, but you also spent six months in Spain. Ask him if he speaks English.*)

Señor   Lo hablo, pero bastante mal. Lo encuentro muy difícil. Pero el francés sí lo hablo muy bien.

Tú   (*Ask him where he studied French.*)

Señor   Bueno, mis padres vivieron en París cuando yo era pequeño. Lo aprendí allí. ¿Y Vd. habla francés?

Tú   (*Yes, you did several years of French at school and you had an excellent teacher. And you also go to France every summer. Last year you were in Cannes. You liked it very much.*)

Señor   Sí, a mí me encanta Cannes también. Mi mujer y yo estuvimos allí hace unos cinco años. Lo pasamos estupendamente.

2 You are going to make enquiries about Spanish courses at a language school in Spain. Write the necessary questions to get the information you need.

a Ask if they do summer courses in Spanish.

b Ask when they start.

c Ask what levels they offer.

d Ask how much they cost.

e Ask about the timetable.

f Ask if they can help you find accommodation.

3 Pamela Johnson wrote to a school in Malaga asking for information about Spanish courses. This is her letter. Translate it into your own language.

26 Devonshire Street
Londres W3 7HF
Inglaterra

26 de mayo de 2003

Señor Director de Estudios
Cursos para extranjeros
Universidad de Málaga
San Agustín 6
29080 – Málaga
España

Muy Señor mío:
El objeto de la presente es solicitar a Vd. que me envíe información
sobre los cursos de español para extranjeros que ofrecerá la
Universidad de Málaga este verano.

Le ruego me dé información detallada sobre las fechas en que
éstos se realizarán, los niveles que se ofrecen, el horario de clases y
el valor de la inscripción.

Le agradeceré además que me informe sobre la posibilidad de
conseguir alojamiento a través de ustedes con una familia
española.

En espera de sus gratas noticias, le saluda atentamente,

Pamela Johnson

What information did Pamela ask for in the letter?

el objeto de la presente es ...	*This is to…*
le ruego ...	*please, kindly*
le agradeceré	*I shall be grateful*
en espera de sus gratas noticias	*I look forward to hearing from you*

4 Here is part of the information Pamela Johnson received from the school of languages in Malaga. Read it through and make a note in English of the following points:

a How can you register?
b What certificates or diploma can you obtain?
c What sort of accommodation can they help you find?
d How are the students grouped?
e How many hours a week do you have to attend?
f What activities can students take part in during the course?

CURSOS DE ESPAÑOL PARA EXTRANJEROS

CURSO DE VERANO

El Curso se dirige a extranjeros que deseen iniciar o ampliar sus conocimientos en lengua y cultura españolas.

Duración

Se desarrolla en tres ciclos, pudiéndose inscribir en uno, dos o los tres.

Ciclo I	03.07 – 30.07
Ciclo II	01.08 – 30.08
Ciclo III	02.09 – 27.09

Inscripción y matrícula

El Curso de verano es un curso abierto: no es necesario ningún título académico para inscribirse, sólo se precisa tener 16 años.

Enviar a la Secretaría la ficha de inscripción, dos fotografías y fotocopia del documento de pago.

Exámenes y certificados

Los exámenes son obligatorios sólo para los alumnos que deseen obtener uno de estos títulos:

• Certificado de Lengua Española;
  Permanencia mínima: un mes.
• Diploma de Estudios Hispánicos;
  Permanencia mínima: dos meses.

Alojamiento

La Secretaría del Curso facilitará direcciones de familias o apartamentos a los alumnos inscritos que lo soliciten.

Horario de clases y niveles

Los alumnos se dividen en niveles según sus conocimientos de lengua: básico, intermedio y superior. Se imparten cuatro clases diarias de lunes a viernes desde las 9.00 a las 13.15.

Otras actividades

Durante el curso se organizan conciertos, espectáculos y sesiones de cine. Asimismo hay visitas a los principales monumentos de la ciudad y excursiones a ciudades de interés (Granada, Córdoba, Sevilla y Ronda).

También se organiza un viaje a Marruecos. Durante el mes de agosto son las fiestas de la ciudad con actos folklóricos y culturales de gran interés.

5 In a Spanish magazine, you see the following courses advertised and you decide to write making enquiries about one of them.

GRADUADO ESCOLAR

Preparación para la obtención del Titulo del Estado.

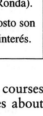

CULTURA GENERAL

Los conocimientos que toda persona debe poseer hoy.

DECORACIÓN

Podrás decorar desde una habitación de niños a una tienda.

GUITARRA

Método seguro. Por solfeo o por cifra. Incluye cassettes.

ORDENADORES Y BASIC

Lograrás un conocimiento completo de lo que da de sí un Ordenador Personal y su programación.

CONTABILIDAD

Muy sencillo y práctico. Diploma de Contable.

Follow this guideline:

a Say you have seen the advertisement for courses offered by the Centro de Estudios Eva and state which course you are interested in.

b Ask them to send you all the relevant information about the course, including the date when it is held, registration fees, timetable and how you can register.

c Ask them to send you the information as soon as possible.

For other standard words and phrases used in formal letter writing see the letter in Exercise 3 above and in Unit 3. Here are some key words.

anuncio (m)	*advertisement*
ofrecer	*to offer*
información referente a ...	*relevant information about ...*
realizarse	*to be held*
inscribirse	*to register*
lo antes posible	*as soon as possible*
estar interesado(a)	*to be interested*

▶ 6 ¡A escuchar!

Recuerdos: In an interview on the subject of education, Gloria Díaz from Spain talked about the school she went to. Listen to the conversation if you have the recording, or alternatively, use the transcript for reading comprehension. First study these key words, then look at the questions and answer them as you read or listen to the conversation.

recuerdos (m)	*memories*
olvidado	*forgotten*
disfruté	*I enjoyed it*
nos llevábamos mal.	*we didn't get on*
simpatiquísima	*very nice*
asignatura (f)	*(school) subject*
suspendí	*I failed*
guardar	*to keep*

¿Verdadero o falso?

a Hace casi dos años que Gloria está en el colegio.

b Gloria estudió en un colegio religioso para chicas.

c Ella fue allí porque prefería estar sólo con chicas.

d La profesora que más le gustaba era la de matemáticas.

e Con la profesora de historia se llevaba muy bien.

f Sus asignaturas favoritas eran Matemáticas y Ciencias.

7 Five writers talk about some of their childhood experiences. Look at the vocabulary first, then read the texts and answer the questions which follow them.

escritura (f)	*writing*
tirar	*to throw away*
descubrir	*to discover*
mono/a	*pretty*
engañar	*to deceive*
aguantar el llanto	*to hold back one's tears*
infeliz	*unhappy*
lleno/a	*full*
enfermizo/a	*unhealthy, morbid*
orgullo (m)	*pride*
autoestima (f)	*self-esteem*
amenazado/a	*threatened*
reponerse	*to recover*
quiebra (f)	*bankruptcy*
redundar en	*to have as a consequence*
juguete (m)	*toy*
espantoso/a	*dreadful*
huellas profundísimas (f pl)	*deep marks*
Edad Dorada (f)	*Golden Age*

a Rosa Montero, Spain

De pequeña, cuando tenía cinco años, me enfermé de tuberculosis. Estuve en casa sin ir al colegio durante muchos años. Entonces mi distracción era leer y escribir muchísimo. La escritura era un juego: empezaba una novela del Oeste o de asesinatos y al día siguiente la tiraba y escribía otra. A los nueve o diez años, cuando volví al colegio, mi sorpresa fue descubrir que las demás niñas no jugaban a eso.

b Ana María Matute, Spain
Me sentía fea... ¡Y no lo era!
Era muy mona. Digo, las
fotografías no engañan, ¿no?
Pero mis hermanas eran unas
bellezas... Así, yo vivía en mi
soledad, tranquila, tímida,
aguantándome siempre el llanto.

c Isabel Allende, Chile
Yo tuve una infancia bien
infeliz. Llena de terrores, de
preguntas sin respuestas. Con
una sensibilidad enfermiza y un
orgullo ilimitado, que provenía
de una muy baja autoestima y
de sentirme muy amenazada,
muy vulnerable.

d Mario Benedetti, Uruguay
A mi padre le fue mal con una
farmacia que había comprado en
Tacuarembó y durante años no
pudimos reponernos de esa
quiebra. Eso redundó en una
infancia sin juguetes, y eso
nunca fue un buen recuerdo.

e Mario Vargas Llosa, Perú
La peor marca quedó a partir de
los diez años, cuando conocí a
mi padre, en una relación
espantosa que me dejó huellas
profundísimas. Pero, tal vez,
también me marcaron esos
primeros diez años vividos con
la familia de mi madre, que son
algo así como la Edad Dorada.

(Revista de Libros,
El Mercurio, Chile)

Now answer these questions:

a What did Rosa Montero do during her illness, and what did she discover when she returned to school?

b How does Ana María Matute describe herself in her childhood?

c What does Isabel Allende say about her childhood?

d What event marked Mario Benedetti's life?

e How does Mario Vargas Llosa describe the relationship with his father? And with his mother's family?

05
de vacaciones

In this unit you will learn:
- how to describe places and people you knew in the past
- how to express hope
- how to express intentions
- how to talk about the future
- how to talk about the weather
- how to express regret

(14)

▶ 1 Un viaje a Cuba

Pablo Dávila y Ana Ramírez hablan de sus últimas vacaciones.

Pablo ¿El año pasado también viniste aquí de vacaciones?

Ana No, el año pasado fui a Cuba con unas amigas. Estuvimos en La Habana y en Varadero.

Pablo ¿Y qué tal?

Ana Nos gustó muchísimo. Estuvimos tres días en La Habana y una semana en Varadero. Varadero es un lugar muy bonito y tiene unas playas estupendas. Y el hotel donde nos quedamos era excelente. Estaba a cinco minutos de la playa. Tenía piscina, discoteca …

Pablo ¿Fuisteis a través de alguna agencia de viajes?

Ana Sí, porque de otra manera nos habría resultado demasiado caro. Mereció la pena, y la gente del grupo era muy maja, la mayoría era gente joven.

Pablo La verdad es que a mí los viajes organizados no me gustan nada. Prefiero viajar por mi cuenta.

a través de	*through*
agencia de viajes (f)	*travel agency*
de otra manera	*otherwise*
nos habría resultado …	*it would have been …*
merecer la pena	*to be worth it*
majo(a)	*nice (Spain)*
por mi cuenta	*by myself, independently*

¿Y qué tal? Notice this colloquial phrase which has different translations in English, depending on the context. Here it means *And how was it?* or *How did it go?* with reference to the holiday Ana is talking about.

Comprehension exercise 1

Answer the following questions in Spanish.

a ¿Dónde pasó sus vacaciones Ana el año pasado?

b ¿Cuánto tiempo estuvo allí?

c ¿Qué dice Ana del hotel?
d ¿Fue por su cuenta? ¿Por qué sí/no?
e ¿Cómo describe Ana a la gente con que viajó?
f ¿Qué dice Pablo de los viajes organizados?

▶ 2 Espero ir a México

Pablo y Ana hablan de sus planes para las próximas vacaciones.

Ana ¿El año que viene vendrás aquí otra vez?

Pablo No, el próximo verano espero ir a México. Un amigo mexicano que conocí en Salamanca me ha invitado a su casa. Pienso irme hacia finales de julio y me quedaré allí todo el mes de agosto. Él tomará sus vacaciones en la misma fecha y viajaremos juntos. Así podré conocer un poco del país.

Ana ¡Estupendo! Te gustará mucho. Mi hermana estuvo en México hace un par de años y me contó maravillas de los sitios que visitó y de la gente.

Pablo Bueno, ¿y tú que harás? ¿Volverás aquí otra vez?

Ana No lo creo. Espero ir a algún lugar diferente. Hay unos viajes al oriente que me entusiasman mucho y que no son nada caros. Ya veremos. Aún falta mucho tiempo …

espero ir	*I hope to go*
pienso irme	*I'm thinking of going*
hacia finales de	*towards the end of*
así podré conocer …	*that way I'll be able to see …* (Lit. *to know*)
no lo creo	*I don't think so*
… que me entusiasman	*… which I am very tempted by*
ya veremos	*we'll see*
falta mucho tiempo	*it's a long way off*

Notes

a Me contó maravillas de… *She spoke wonderfully about …*

The expression is **contar** or **decir** maravillas de …, *to speak wonderfully of …* (*people or things*).

b Aún falta mucho tiempo. *There is still a long time to go (to next summer).*

In this construction, the verb **faltar** is used in the third person singular or plural. Look at these other examples:

Falta mucho para mi cumpleaños. — *My birthday is a long way off.*

Faltan dos meses para la Navidad. — *There are two months to go to Christmas.*

c **México** is also spelled with a **j** – **Méjico**.

Comprehension exercise 2

Complete these phrases with information from the dialogue.

a El próximo verano Pablo irá de vacaciones a ____
b Él ha sido invitado por ____
c Piensa viajar en (mes) ____
d Estará allí todo el mes de (mes) ____
e Viajará con ____
f A Ana le gustaría ir a (lugar) ____

▶ 3 Hablando del tiempo

En la recepción del Hotel El Conquistador, dos turistas sudamericanos hablan del tiempo.

Señor ¿Sigue lloviendo?

Señorita Lamentablemente sí, no ha parado de llover en toda la noche. Está lloviendo a cántaros en este momento.

Señor ¡Qué lástima! Y yo que pensaba salir de paseo. Tendré que quedarme en el hotel.

Señorita ¡Es una pena! Pero probablemente mañana hará buen tiempo.

Señor ¡Ojalá!

está lloviendo a cántaros	*it's pouring with rain*
¡qué lástima!	*what a pity!, what a shame!*
y yo que pensaba ...	*and I was thinking of ...*
¡es una pena!	*it is a pity!, it is a shame!*
hará buen tiempo	*the weather will be good*
¡ojalá!	*I hope so!*
lamentablemente	*unfortunately*

Notes

a ¿Sigue lloviendo?   *Is it still raining?*

After **seguir** and **continuar** (*to follow, to continue*), the verb must be in the gerund. Look at these other examples:

Continúa nev**ando**.   *It is still snowing.*
¿**Sigues** trabaj**ando**?   *Are you still working?*

b No ha **parado de llover**.   *It hasn't stopped raining.*

Notice the use of infinitive after **parar de,** *to stop (doing something).*

Comprehension exercise 3

How would you say the following in Spanish?

a Is it still raining?
b It hasn't stopped raining.
c It's pouring with rain.
d What a pity!
e It's a pity.
f I hope so.

Key sentences

Describing places and people you knew in the past

El hotel era excelente.   *The hotel was excellent.*
Tenía piscina.   *It had a swimming pool.*
La gente era muy maja.   *The people were very nice.*
La mayoría era gente joven.   *The majority were young people.*

Expressing hope

Espero ir a México.   *I hope to go to Mexico.*
¡Ojalá!   *I hope so.*

Expressing intentions

Pienso irme hacia finales de julio.   *I intend to go towards the end of July.*
Yo pensaba salir de paseo.   *I was thinking of going out.*

Talking about the future

Me quedaré allí todo el mes de agosto.   *I will stay there for all of August.*
Él tomará sus vacaciones en la misma fecha.   *He will take his holidays on the same date.*

Other ways of talking about the future

Voy a viajar a España.	*I am going to travel to Spain.*
Vamos a quedarnos aquí.	*We are going to stay here.*
Mañana salgo para Londres.	*I am leaving for London tomorrow.*

Talking about the weather

Está lloviendo a cántaros.	*It's pouring with rain.*
Mañana hará buen tiempo.	*The weather will be good tomorrow.*

Hace mucho frío

Other ways of talking about the weather

Hace frío/calor.	*It is cold/warm.*
Hace buen/mal tiempo.	*The weather is good/bad.*
Está despejado.	*It is clear/cloudless.*
Llueve/Está lloviendo.	*It rains, it is raining.*
Hace viento/sol.	*It is windy/sunny.*
Hace bueno.	*The weather is good.*
Está nublado.	*It is cloudy/overcast.*
Está nevando.	*It is snowing.*
Nieva.	*It snows, it is snowing.*

Expressing regret

Lamentablemente sí.	*Unfortunately/regrettably yes!*
¡Qué lástima!	*What a pity!, What a shame!*
¡Es una pena!	*It is a pity!, It is a shame!*

Other ways of expressing regret

Desafortunadamente .../	
Desgraciadamente ...	*Unfortunately ...*
¡Qué desgracia!	*What a shame!*

Grammar

1 Looking ahead

To refer to the future you can use:

a the future tense:

Me **quedaré** allí todo el mes.	*I'll stay there the whole month.*
¿**Vendrás** aquí otra vez?	*Will you come here again?*

b the construction **ir** with **a** and the *infinitive*:

Va a llover.	*It's going to rain.*
¿Qué **vas a hacer**?	*What are you going to do?*

c the present tense, particularly with verbs which indicate movement:

Él **llega** mañana.	*He's arriving tomorrow.*
Esta tarde **voy** a Madrid.	*I'm going to Madrid this afternoon.*

2 The future tense

Formation

The future tense is formed with the whole infinitive, to which the endings are added. The same endings are used for the three conjugations: **-ar**, **-er** and **-ir** verbs. Here is an example:

tomar *to take*	
tom**aré**	*I will take*
tom**arás**	*you will take* (familiar)
tom**ará**	*he, she, it, you will take*
tom**aremos**	*we will take*
tom**aréis**	*you will take* (familiar)
tom**arán**	*they, you will take*

A few verbs, such as **venir** *to come*, are irregular in the future tense: **vendré, vendrás, vendrá, vendremos, vendréis, vendrán.** For other irregular verbs in the future see your grammar book.

3 The imperfect tense for past description

To describe places or people you knew in the past, you normally use the imperfect tense, for example:

El hotel era excelente.	*The hotel was excellent.*
Estaba a cinco minutos de la playa.	*It was five minutes away from the beach.*
La gente era muy maja.	*The people were very nice.*

Formation

There are two sets of endings for the imperfect tense, one for **-ar** verbs and another one for **-er** and **-ir** verbs. Here are two examples:

estar *to be*

estaba	*I was*
estabas	*you were* (familiar)
estaba	*he, she, it was, you were*
estábamos	*we were*
estabais	*you were* (familiar)
estaban	*they, you were*

tener *to have*

tenía	*I had*
tenías	*you had* (familiar)
tenía	*he, she, it, you had*
teníamos	*we had*
teníais	*you had* (familiar)
tenían	*they, you had*

Ser *to be*, is irregular in the imperfect tense: **era, eras, era, éramos, erais, eran.** For other irregular verbs in the imperfect tense see your grammar book.

4 Expressing hope

Notice the use of infinitive after **esperar** *to hope* when expressing hope not involving others or something outside ourselves.

Espero ir a México. *I hope to go to Mexico.*
Esperamos volver pronto. *We hope to come back soon.*

Language check

Put the infinitives into the correct form of the future tense.

Querida Paloma:

Te escribo para contarte que el lunes que viene John y yo (**viajar**) a España. (**Salir**) de aquí a las 2.00 de la tarde y (**llegar**) a Madrid a las 5.00. Aún no sabemos cuánto tiempo (**quedarse**), pero esperamos estar allí por lo menos dos semanas. ¿(**Poder**) venir a vernos al hotel el lunes por la noche? (**Estar**) en el Hotel Gran Vía. Tengo un regalo para ti de Paul y te lo (**dar**) cuando nos veamos ... A propósito, ¿qué (**hacer**) tú en tus próximas vacaciones? Nos gustaría mucho que vinieras a Inglaterra ... .

Practice

1 A Spanish friend asks you about your last holiday. Answer his questions.

Él ¿Dónde pasaste tus últimas vacaciones?
Tú (*Say you spent them in San Sebastián, in northern Spain.*)
Él ¿Y qué tal? ¿Te gustó?
Tú (*Say you liked San Sebastián very much. It is a very nice town, and the hotel where you stayed was excellent. It was opposite the beach, it had a swimming pool and an excellent restaurant. And you were very lucky with the weather. It wasn't too hot.*)
Él ¿Con quién fuiste?
Tú (*Say you went with some friends. You got on very well together, they were very nice people.*)
Él ¿Y cuánto tiempo estuvisteis allí?

Tú	(*Say you didn't stay long. Unfortunately, you all had to come back to work.*)
Él	Supongo que volverás allí otra vez el próximo verano.
Tú	(*Say you would love to go back, but next year you hope to visit South America. You are thinking of travelling to Argentina and Chile. If you have money you'll stay a couple of months there. You are thinking of taking on another job to pay for your holiday. Ask your friend if he went anywhere on holiday.*)
Él	No, desgraciadamente no, no tenía dinero.
Tú	(*What a shame!*)

2 You are going on holiday to Mexico. The holiday, which starts in Madrid, will take you to Cancún and Mexico City (México D.F.). Read the programme sent to you by the travel agency.

CANCÚN/MÉXICO D.F.

DIA 1.°: MADRID-CANCÚN

Presentación en salidas internacionales del aeropuerto de Barajas en el mostrador de Club Vacaciones, dos horas antes de la salida del vuelo. Viajarás en Boeing 767 de la compañía Spanair en vuelo sin escala a Cancún. A la llegada te espera personal de nuestra organización que te trasladará en autobús privado al hotel. Alojamiento.

DIAS 2.° AL 6.°: CANCÚN

Estancia en los hoteles en el régimen de pensión elegido, atendidos por nuestro personal que te informará además de las excursiones facultativas que puedes hacer durante tu permanencia.

DIA 7.°: CANCÚN/MÉXICO D.F.

Recogida en el hotel y traslado al aeropuerto para salir en avión a México D.F. Llegada y traslado en autobús privado al hotel. Alojamiento.

DIAS 8.° AL 13.°: MÉXICO D.F.

Estancia en los hoteles en régimen de alojamiento. Posibilidad de excursiones facultativas.

DIA 14.°: MÉXICO D.F./CANCÚN

Recogida en el hotel y traslado al aeropuerto para salir hacia Cancún. Traslado al hotel y alojamiento.

DIA 15.°: CANCÚN/MADRID

Recogida en el hotel y traslado al aeropuerto a la hora que te indique nuestro personal, para embarcarte en un Boeing 767 de la compañía Spanair hacia Madrid donde finaliza nuestro servicio.

Your travelling companion wants to know the following:

a Which airline are we flying with?
b Is there a stopover on the way to Cancún?
c How are we getting from Cancún airport to the hotel?
d How are we travelling from Cancún to Mexico City?
e How long are we staying in Mexico City?
f Are we flying back to Madrid from Mexico City?

mostrador (m)	*counter, flight desk*
escala (f)	*stopover*
trasladar	*to transfer, take*
estancia (f)	*stay*
pensión (f)	*board*
facultativo	*optional*
recogida (f)	*pick-up*
traslado (m)	*transfer*

3 You are talking about your next holiday in Mexico with a Spanish-speaking friend. Answer your friend's questions.

a ¿A qué parte de México irás?
b ¿Qué lugar visitarás primero?
c ¿Cuántos días te quedarás en total?
d ¿Te quedarás en casa de amigos?

4 The holiday brochure includes the following information about Mexico City. Translate it into English for your travelling companion.

México D.F.

La capital de México, rodeada de montañas, está situada en un valle de 2.240m. de altitud. Goza de una intensa vida cultural y artística, es el centro intelectual de toda Hispanoamérica. Aquí se encuentran lugares históricos como el Zócalo, el Palacio Nacional, la Catedral Metropolitana, la capital azteca de Tenochtitlán o el mundialmente famoso Museo Nacional de Antropología.

Esta ciudad de 21 millones de habitantes es una mezcla del pasado y del presente. Una ciudad moderna, con amplias avenidas y plazas animadas, barrios elegantes, mercados populares, edificios futuristas, residencias coloniales e iglesias barrocas.

Como es habitual, Club Vacaciones te ofrece hoteles de excelente calidad/precio.

Por la noche puedes salir a cenar a restaurantes típicos y saborear la cocina local mientras disfrutas de la música de los mariachis. Después puedes dar un paseo por la plaza Garibaldi y tomarte un tequila y escuchar a las bandas de música que rivalizan entre sí.

rodeada	surrounded
gozar	to enjoy
amplio(a)	wide
barrio (m)	district
saborear	to taste
disfrutar	to enjoy
mundialmente famoso	world famous
mezcla (f)	mixture
mariachi	popular music characteristic of the state of Jalisco
tequila	a Mexican alcoholic drink

5 During a flight to Madrid you are given a Spanish newspaper which has a weather chart for the whole of Spain and the forecast for the following day. What will the weather be like in Madrid? Study the following information and then answer the questions.

EL TIEMPO EN MADRID

MAÑANA
Área urbana: (Máxima: 33 / Mínima: 18). Cielo despejado. Calimas. Neblinas a primeras horas y calimas posteriormente. Sin cambios térmicos. Área de la Sierra: Despejado por la mañana con nieblas a primeras horas. Algo nuboso por la tarde con nubes altas. Ventolinas del suroeste.

CONTAMINACIÓN
Los índices de contaminación se mantienen relativamente bajos. La contaminación, por tanto, estacionaria.
El sol saldrá hoy domingo a las 7 horas y 48 minutos y se pondrá a las 20 horas y 36 minutos.
La luna saldrá a las 7 horas y 46 minutos y se pondrá a las 20 horas y 20 minutos.
Fase de la luna: Estamos en luna nueva.

(*Diario El Mundo, Madrid, Spain*)

calima (f)	*haze*
neblina (f)	*mist*
nuboso	*cloudy*
nube (f)	*cloud*
ventolina (f)	*light and variable wind*
se pondrá ...	*it will set ...*
luna (f)	*moon*

a Will it be overcast in Madrid tomorrow?

b What will the weather be like early in the morning? And later on in the day?

c If you wanted to drive up to the Sierra, what will the weather be like there early in the morning? And in the afternoon?

d With all the traffic that there is in Madrid, the air becomes very polluted at times. What will the situation be like tomorrow?

e If you spend the day at the Sierra tomorrow, you want to return to the city before sunset, as you don't like driving at night. What time will the sun set?

▶ 6 ¡A escuchar!

El pronóstico del tiempo: Now that you are familiar with some of the terminology used in Spanish weather forecasts, you will have a chance to hear a recording about the weather in Santiago de Chile. If you do not have the recording, you can use the transcript for reading comprehension. First, familiarize yourself with some words and phrases which did not appear in the previous exercise. Then, as you listen to the recording or read the text, answer in Spanish the questions which follow.

llovizna (f)	*drizzle*
grado (m)	*degree*
nubosidad (f)	*cloudiness*
humedad (f)	*humidity*

a ¿Cómo estará el tiempo hoy en Santiago, según la Dirección Meteorológica de Chile?

b ¿Cuál será la temperatura mínima probable? ¿Y la máxima?

c ¿Cuáles fueron las temperaturas mínima y máxima ayer en la capital? ¿A qué hora fueron?

d ¿Cuáles son las perspectivas para el viernes 21 de febrero?

e ¿Cuál es la temperatura del momento?

7 The following passage, from an article published by the Spanish magazine *Cambio 16*, looks at the results of a survey carried out among Spanish people to find out how often they go on holiday and where they tend to go. As you read it make a note in English of the main points.

LOS ESPAÑOLES VERANEAN POCO, BARATO Y CERCA

La encuesta realizada por el Gabinete de Investigación turística y el Instituto DYM revela que los hábitos vacacionales de los españoles están marcados por el espíritu ahorrador: los españoles somos poco viajeros.

Los primeros datos de la encuesta dejan bien claro que la propensión viajera del español está directamente relacionada con dos aspectos: su situación generacional y su posición económica. Cuanto más jóvenes y cuanto más adinerados, obviamente más viajeros. De igual modo, los habitantes de los grandes núcleos urbanos viajan más que los provenientes del medio rural; y los que residen en la zona centro o norte, más que los que viven al sur. Toda una lección de economía. El ocio y su empleo son cuestión de dinero.

Hasta tal punto afecta el *status* social al veraneo que las diferencias son de uno a tres. El 69 por ciento de las personas de nivel económico alto veranean, frente al 29 por ciento que lo hacen entre quienes tienen lo que asépticamente se califica de nivel económico bajo.

En todo caso, los españoles veranean en general poco. Tan sólo un 47 por ciento lo hizo el año pasado. Esas vacaciones se concentran además en el verano, dando por resultado un solo viaje de vacaciones al año en el 62 por ciento de quienes veranean. Sólo el 19 por ciento realiza más de un viaje, cifra que asciende al 6 por ciento y al 7 por ciento para aquéllos que realizan tres o más viajes.

La curiosidad del turista español por el mundo se limita al 10 por ciento que viaja al extranjero en sus vacaciones. El 90 por ciento restante escoge el suelo patrio para descansar y, por mucho que las playas y el sol hispanos sean motivos de seducción planetaria, los españoles prefieren el interior peninsular para pasar su veraneo: el 49 por ciento se fue tierra adentro el año pasado, frente al 37 por ciento que escogió el litoral y el 4 por ciento que se desplazó a las islas Canarias o Baleares.

(*Cambio 16, N° 862*)

veranear	*to go on summer holidays*
veraneo (m)	*summer holidays*
encuesta (f)	*survey*
ahorrador	*cautious, saving* (relating to money)
espíritu ahorrador	*savings habit*
propensión viajera	*travelling tendency*
cuanto más ... más	*the more ... the more*
adinerado	*rich, well-off*
restante	*remaining* (adjective)
suelo patrio (m)	*native soil*
tierra adentro	*inland*
litoral (m)	*coast*
desplazarse	*to travel*

Fill in the gaps in the sentences below with an appropriate word from the list. Each sentence contains a main point from the article you have just read.

rurales	calurosas	poder	extranjero	joven	habitantes
	viaje	ciudades	mayor		
	viajeros	adinerados	vieja		

a En España, la gente ____ viaja más que la gente ____
b Aquéllos con mayor ____ económico viajan más que los menos ____

c Los que viven en zonas ____ salen menos que los que residen en grandes ____

d Los ____ del centro y del norte son más ____ que los que viven en el sur.

e La mayor parte de los españoles realiza sólo un ____ al año, y muy pocos viajan al ____

8 What sort of holidays do most people in your country prefer, organized tours or independent travel? And what do they like to do when they go on holiday? Read the following passage and compare their preferences with those of Spaniards, and then answer the questions below.

No nos gusta ir todo el día detrás de un guía

A los españoles nos encanta el viaje organizado, pero mucho menos que al resto de los europeos. Buscamos la seguridad de que alguien se responsabilice de nosotros, aunque los paquetes turísticos ofertados a los españoles son bastante abiertos: dejan tiempos libres y dan opciones diferentes dentro de un mismo viaje, porque se sabe que nuestra idiosincrasia hace que no nos guste ir a todas horas detrás de un guía. Por otra parte, a los españoles nos interesa visitar monumentos, museos, parques naturales … Hay una inquietud cultural manifiesta.

(*Revista Quo*)

---

guía (m/f)	*guide (person)*
viaje organizado (m)	*package tour*
responsabilizarse	*to take responsibility*
paquete turístico (m)	*package tour*
ofertado	*offered*
inquietud (f)	*interest*

a ¿Qué prefieren los españoles, el viaje organizado o el viaje independiente?

b ¿Qué prefieren hacer en sus vacaciones?

06

un lugar donde vivir

In this unit you will learn:
- how to ask for information about accommodation
- how to book into a hotel
- how to state requirements
- how to describe a place in terms of location, size, facilities
- how to ask and say what something costs

_(18)_

▶ 1 Reservando una habitación

Martin Baron, su mujer Susan y sus dos hijos están de vacaciones en España. Desde Madrid, Martin llama por teléfono al Hotel San Marcos de Marbella para reservar una habitación.

Recepcionista Hotel San Marcos, ¿dígame?

Martin Buenos días. ¿Podría decirme si tiene habitaciones disponibles para la última semana de agosto?

Recepcionista Sí, señor, sí tenemos. ¿Qué tipo de habitación desea Vd.? ¿Individual o doble?

———— HOTEL SAN MARCOS ————

COMODIDAD, ELEGANCIA Y DISTINCIÓN EN PLENO CENTRO DE MARBELLA Y A SOLO CINCUENTA METROS DE LA PLAYA

- Habitaciones individuales y dobles (Descuentos especiales para niños)
- Media pensión o pensión completa
- Aire acondicionado
- TV color vía satélite
- Tres grandes piscinas
- Discoteca
- Tiendas para uso exclusivo de nuestros clientes

PARA INFORMACIÓN Y RESERVAS LLAME AL TELÉFONO 83 41 02 DE MARBELLA O CONSULTE A SU AGENCIA DE VIAJES

Martin Perdone, pero no se oye bien. ¿Podría repetir?

Recepcionista Le pregunto si quiere una habitación individual o doble.

Martin Bueno, somos dos adultos y dos niños pequeños. Necesitamos una habitación con una cama de matrimonio y dos camas individuales para los chicos.

Recepcionista Perfectamente.

Martin Tengo entendido que hay un descuento especial para los niños. ¿No es así?

Recepcionista Sí, efectivamente, hacemos un descuento del 25 por ciento por cada niño. En total, incluido el descuento, la habitación le saldría a 80 euros.

Martin	¿El desayuno está incluido en el precio de la habitación?
Recepcionista	No, señor, el desayuno se paga aparte. El desayuno continental vale seis euros. Y también tenemos un servicio de restaurante en caso de que Vd. prefiera tomar media pensión o pensión completa.
Martin	No, sólo tomaremos la habitación con desayuno.
Recepcionista	Muy bien, ¿y para qué fecha la quiere Vd.?
Martin	A partir del 24 de agosto.
Recepcionista	¿Y para cuántas noches?
Martin	Siete noches en total. Hasta el 30 de agosto inclusive.
Recepcionista	Del 24 … al … 30 de agosto … Me dice su nombre, por favor.
Martin	Martin Baron.
Recepcionista	Perdone, ¿cómo ha dicho?
Martin	Martin Baron.
Recepcionista	¿Cómo se escribe, por favor?
Martin	B-a-r-o-n, Baron.
Recepcionista	Muy bien, señor Baron.
Martin	Ah, ¿oiga?
Recepcionista	Sí, ¿dígame?
Martin	¿Tienen Vds. aparcamiento en el hotel? Vamos a viajar en coche.
Recepcionista	Sí, señor, tenemos un aparcamiento para uso exclusivo de los clientes.
Martin	¡Estupendo! Adiós, muchas gracias.
Recepcionista	De nada, adiós.

disponible	*available*
tengo entendido que …	*I understand that …*
descuento (m)	*discount*
media pensión (f)	*half board*
pensión completa (f)	*full board*
a partir de …	*starting on …*

Notice this special use of the verb **salir**, here *to come to, to cost.*

Le **saldría** a ochenta euros.	*It would cost you 80 euros.*
Me **salió** muy caro.	*It cost me a lot of money.*
¿Cuánto **sale**?	*How much did it come to?*
La cena **salió** a 35 euros.	*Dinner came to 35 euros.*

Comprehension exercise

Answer the following questions in Spanish.

a ¿Qué tipo de habitación necesita Martin Baron?
b ¿Para cuándo quiere la habitación y para cuánto tiempo?
c ¿Cuánto cuesta la habitación?
d ¿Está incluido el descuento para los niños?

▶ 2 Buscando un apartamento

Elizabeth Reed trabaja para una empresa multinacional en Barcelona. Elizabeth necesita alquilar un apartamento y llama por teléfono a una inmobiliaria.

Empleada Sí, ¿dígame?

Elizabeth Buenas tardes. He visto en La Vanguardia un anuncio de un apartamento que se alquila en la calle Pelayo. ¿Podría decirme si está disponible todavía?

Empleada Sí, ¿quiere esperar un momento, por favor? Ahora le pongo con la persona encargada.

Empleado Sí, ¿diga?

Elizabeth Buenas tardes, llamo por el anuncio del apartamento que se alquila en la calle Pelayo. ¿Estará disponible todavía?

Empleado Sí, un momento, por favor … pues, tal como pone el anuncio, es un apartamento muy pequeño, de veinticinco metros cuadrados, tiene un aseo con ducha y cocina americana. Y está amueblado. Está muy bien de precio, cuatrocientos cuarenta euros solamente.

Elizabeth Es justamente lo que busco. Necesito algo que no sea demasiado caro y que esté cerca de mi oficina. Yo trabajo en el centro. ¿En qué piso está?

Empleado Está en el cuarto piso, pero tiene ascensor. Es un apartamento muy bonito, es exterior y está en perfecto estado. Lo acaban de pintar. Tiene agua caliente, teléfono …

Elizabeth	¿Sería posible verlo esta misma tarde?
Empleado	Sí, no creo que haya problema. ¿Por qué no pasa Vd. por aquí entre las tres y las cuatro y la acompañaré yo mismo? ¿Tiene Vd. nuestra dirección?
Elizabeth	Sí, sí, la tengo, gracias.

alquilar	*to rent*
inmobiliaria (f)	*accommodation agency, estate agent*
anuncio (m)	*advertisement*
le pongo con …	*I'll put you through to …*
encargado(a)	*person in charge*
tal como pone el anuncio	*just as the advertisement says*
aseo (m)	*small bathroom*
cocina americana (f)	*open plan kitchen*
amueblado	*furnished*
estado (m)	*condition*
lo acaban de pintar	*they have just painted it*
pasar por	*to come round*

¿Verdadero o falso?

a El apartamento de la calle Pelayo está alquilado.

b El apartamento tiene un gran baño.

c Tiene una cocina con muebles americanos.

d El apartamento da a la calle.

e Está en el centro de Barcelona.

Key sentences

Asking for information about accommodation

¿Podría decirme si tiene habitaciones disponibles …?	*Could you tell me if you have rooms available?*
¿Podría decirme si está disponible todavía?	*Could you tell me if it is still available?*
¿Estará disponible todavía?	*Is it still available?*

Booking into a hotel

Tomaremos la habitación con desayuno.	*We'll take the room with breakfast.*
¿Para qué fecha?	*For what date?*
A partir del 24 de agosto.	*Starting on 24th August.*

Stating requirements

Necesitamos una habitación con una cama de matrimonio.	*We need a room with a double bed.*
Necesito algo que no sea demasiado caro.	*I need something which is not too expensive.*

Describing a place in terms of location, size, facilities

Está en el cuarto piso.	*It is on the fourth floor.*
Es un apartamento muy pequeño.	*It is a very small apartment*
Tenemos un aparcamiento.	*We have a car park.*

Asking and saying how much something costs

Vale seis euros.	*It costs 6 euros.*
Le saldría a ochenta euros.	*It would come to/cost 80 euros.*

Other ways of asking and saying what something costs

¿Cuánto cuesta/vale?	*How much does it cost?*
¿Qué precio tiene?, ¿Cuál es el precio?	*What is the price?*
Cuesta/vale 100 libras.	*It costs 100 pounds.*
¿Cuánto sale?	*How much does it come to?*

Grammar

1 *Ser* and *estar*

Observe the use of **ser** in these sentences from the dialogues:

To denote characteristics:

Es un apartamento pequeño.	*It is a small apartment.*

With impersonal expressions such as **es posible, es mejor, es difícil**:

| ¿**Sería** posible verlo? | *Would it be possible to see it?* |

With figures:

| **Somos** dos adultos. | *We are two adults.* |

Consider now the use of **estar** in these sentences:

To indicate position:

| **Está** en el cuarto piso. | *It is on the fourth floor.* |

To denote a temporary state or condition:

| **Está** en perfecto estado. | *It is in perfect condition.* |

Before a past participle to denote a condition resulting from an action:

| **Está** amueblado. | *It is furnished.* |

2 Use of *se*

Notice how **se** has been used in the dialogues.

In a passive sentence:

| El desayuno **se** paga aparte. | *Breakfast is paid for separately.* |

In passive sentences with **se**, the verb agrees in number (singular or plural) with the subject. Compare the previous sentence with this one:

| Las bebidas **se pagan** aparte. | *The drinks are paid separately.* |

In an impersonal sentence:

| No **se** oye bien. | *One can't hear well.* |

3 *Para* and *por*

Observe the use of **para** in these phrases from the dialogues.

To denote length of time:

| ¿**Para** cuántas noches? | *For how many nights?* |

With time phrases:

¿**Para** qué fecha?   *For what date?*

To indicate destination:

Dos camas **para** los chicos.   *Two beds for the children.*

Notice how **por** has been used in these phrases:

With the meaning of **per**:

Un descuento del 25% **por**   *A 25% discount per child.*
cada niño.

With the meaning of *about*:

Llamo **por** el anuncio.   *I am calling about the
                                   advertisement.*

To indicate movement:

¿**Por** qué no pasa Vd. **por**   *Why don't you come
aquí?   round?*

4 Present subjunctive

Consider the use of the present subjunctive in these sentences
from the dialogues:

To state requirements or needs with regard to something which
does not yet exist.

Necesito algo que no **sea**   *I need something which is
demasiado caro y que   not too expensive and
esté cerca de mi oficina.   which is near my office.*

To denote doubt:

No creo que **haya** problema.   *I don't think there will be
                                   any problem.*

Formation

The present subjunctive is formed from the first person singular
of the present indicative, e.g. **tomo** *I take*, **bebo** *I drink*, **escribo**
I write. Drop the -**o** and add the corresponding endings: one set
of endings for -**ar** verbs and another one for those ending in -**er**
and -**ir**. Examples:

tomar	beber	escribir
tome	beba	escriba
tomes	bebas	escribas
tome	beba	escriba
tomemos	bebamos	escribamos
toméis	bebáis	escribáis
tomen	beban	escriban

Verbs which are irregular or stem-changing in the first person singular of the present tense are also irregular or stem-changing in the present subjunctive. For example:

Infinitive	Present indicative	Present subjunctive
tener	tengo	tenga
salir	salgo	salga
conocer	conozco	conozca

Language check

1 ¿Ser o estar?

Select the correct verb and its form.

El Hotel Doña Bárbara (es/está) situado en pleno centro de Caracas y (**es/está**) uno de los mejores de la ciudad. El Hotel Doña Bárbara (**es/está**) dotado de todo lo necesario para el turista exigente. El servicio de restaurante y de bar (**es/está**) de excelente calidad y a pesar de su elegancia, sus precios (**son/están**) relativamente módicos para el turista europeo. En el Hotel Doña Bárbara le (**será/estará**) posible disfrutar de un verdadero descanso y si Vd. (**es/está**) acompañado de sus hijos, la dirección del hotel le ofrecerá generosos descuentos para ellos.

2 ¿Por o para?

Choose **por** or **para** from the brackets.

A Buenos días. Llamo (**por/para**) reservar una habitación (**por/para**) este fin de semana.

B ¿Es (**por/para**) una persona solamente?

A No, quiero una habitación doble.

B ¿(**Por/para**) cuántas noches la quiere?

A (**Por/para**) tres noches solamente, de viernes a domingo. Llegaremos allí el viernes (**por/para**) la tarde. ¿Tienen Vds. aparcamiento (**por/para**) los clientes?

B No, nosotros no tenemos. Pero enfrente del hotel hay un aparcamiento. Me parece que vale siete euros (**por/para**) día …

A ¿Y cuánto cobran Vds. (**por/para**) la habitación doble con media pensión?

B Setenta euros (**por/para**) persona …

3 Choose the correct tense, present indicative or present subjunctive.

a Quiero una habitación que (**es/sea**) tranquila.

b Necesito un piso que (**está/esté**) cerca de aquí.

c Creo que no (**es/sea**) caro.

d Prefiero un hotel que (**tiene/tenga**) piscina.

e No creo que ella (**va/vaya**) a España.

f Busco a una señora que se (**llama/llame**) Carmen Paz.

Practice

1 Carol Wilson wrote to the Hotel Don Quijote in Gandía to book a room. Read her letter and then use it as a model to make your own hotel booking using some of the words and phrases opposite.

Muy señores míos:

El objeto de la presente es solicitar a Vds. la reserva de
una habitación doble, con dos camas y con baño, a
partir del sábado 28 de agosto próximo y hasta el 13 de
septiembre inclusive.

Les ruego que me confirmen la reserva a la brevedad
posible.

Les saluda muy atentamente.

Carol Wilson

---

les ruego que me confirmen	*please confirm*
a la brevedad posible	*as soon as possible*

Useful words and phrases

una habitación doble/individual	*a double/single room*
con cama de matrimonio/cama doble/camas individuales	*with a double bed/single beds*
con/sin (cuarto de) baño	*with/without bathroom*
una habitación exterior/con vista al mar/con terraza	*a room with a view/with a sea view/with balcony*

---

2 You and some friends would like to spend a month in Fuengirola. In a local newspaper you see this advertisement and you decide to phone to ask for more information.

> **FUENGIROLA** Alquilo, por meses o larga temporada, o vendo apartamento Paseo Marítimo (Torreblanca), 2 dormitorios, baño, gran salón-comedor. Teléfono (952) 473078

Señora ¿Dígame?

Tú (*Say you are ringing about the ad in the newspaper.*)

Señora Ah, por el apartamento.

Tú (*That's it. Say you are looking for something to rent. Ask her to give you more information about the apartment.*)

Señora	Pues, es un apartamento nuevo, con vista al mar y muy tranquilo. Tiene dos habitaciones, además del salón–comedor, la cocina y el baño.
Tú	(*Say you need something which is available immediately.*)
Señora	El apartamento está disponible ahora mismo.
Tú	(*Well, you are also looking for something which is not too expensive. Ask how much the monthly rent is.*)
Señora	Bueno, es un precio muy razonable. Ochocientos veinte euros por mes.
Tú	(*Thank her and say that is too much for you.*)

3 Tony, a student from London, received the following letter from his Spanish correspondent in Barcelona. Read the letter and then answer the questions.

Querido Tony:

En mi carta anterior te escribí sobre mi familia. Hoy te contaré algo sobre el lugar donde vivimos, que es muy especial.

Como te decía, vivo con mis padres y mis dos hermanos menores. Tenemos un piso muy grande y muy antiguo en el Paseo de Gracia, una de las calles principales de Barcelona, en pleno centro de la ciudad. Aquí vivió mi padre cuando era niño y aquí he vivido siempre.

El piso está en un edificio muy bonito, del siglo pasado, que está muy bien conservado. Tiene un gran salón, un comedor también muy grande, y cinco habitaciones más. Una de ellas la utiliza mi padre como despacho. Mis dos hermanos comparten uno de los dormitorios, yo tengo mi propia habitación y para cuando tú vengas a Barcelona, tenemos una habitación para las visitas también.

El salón da a la calle, una calle muy ruidosa, pero con una arquitectura muy interesante. Mi habitación, afortunadamente, es interior, de manera que no me despierta el ruido del tráfico por la mañana. Los fines de semana suelo dormir hasta muy tarde.

En el barrio tenemos todo lo que necesitamos: supermercados, tiendas de ropa, grandes almacenes –el Corte Inglés está muy cerca de aquí–, buenos restaurantes, cafés, etc. En la esquina hay una estación de metro, la de Paseo de Gracia, donde cojo el metro para ir al instituto. Allí también cogemos el tren para ir a Sitges el fin de semana. Te llevaré allí cuando vengas a verme. Estoy seguro de que te gustará. ¡Tiene mucha marcha!

Me preguntas si seguiré viviendo con mi familia cuando vaya a la universidad. Por cierto que me gustaría mucho vivir independientemente, pero no creo que pueda hacerlo ya que aquí alquilar un piso cuesta una fortuna. No es como en Inglaterra. Aquí no tenemos más alternativa que seguir viviendo con la familia. Cuando trabaje, quizá sí, entonces tendré dinero suficiente para alquilar mi propio piso o compartir con algún amigo, pero de momento no. Tampoco me puedo quejar puesto que en casa estoy muy bien.

¿Y tú, qué tal? Me dices que el próximo año te irás a vivir fuera de Londres y que tendrás que encontrar un lugar donde vivir. Espero que tengas suerte. Algún día iré a visitarte. Mientras tanto, escríbeme y cuéntame de ti.
Un abrazo
Paco

en pleno centro	*right in the centre*
edificio (m)	*building*
siglo pasado	*last century*
bien conservado	*well preserved*
despacho (m)	*study*
compartir	*to share*
ruidoso(a)	*noisy*
grandes almacenes (m pl)	*department store*
tiene mucha marcha	*there's a lot going on there*
por cierto	*of course, naturally*
quejarse	*to complain*
puesto que	*as*

Answer the following questions in Spanish.

a ¿Con quién vive Paco?
b ¿Cómo es el piso donde vive?
c ¿Cómo es el edificio?
d ¿Cuántas habitaciones tiene?
e ¿Comparte habitación Paco?
f ¿Cómo es la calle donde vive?
g ¿Dónde está la estación de metro más cercana?
h ¿Por qué seguirá viviendo con su familia Paco cuando vaya a la universidad?

▶ 4 ¡A escuchar!

a **Un nuevo piso:** Pablo is going to share a flat with some friends. In a conversation with Soledad he described the place where he is going to live. A rather inaccurate description of Pablo's flat made later that day by Soledad to a friend follows. Can you correct it? Listen to the dialogue if you have the recording or read the transcript.

'Pablo se ha mudado a un piso estupendo a sólo veinticinco minutos de la Plaza Mayor. Es un piso de dos habitaciones, pero no tiene vistas. Va a compartirlo con un amigo y van a pagar doscientos sesenta euros mensuales.'

búsqueda (f)	*search*
mudado	*moved (house)*

b **Hotel O'Higgins:** The Hotel O'Higgins in Viña del Mar, Chile, is announcing a special offer. Listen to this radio commercial, if you have the recording, or read the transcript, and then answer the questions which follow. Here are some key words.

impuesto (m)	*tax*
merecido	*deserved*

¿Verdadero o falso?

i La oferta especial es válida para niños menores de doce años.

ii Los niños se pueden quedar con dos adultos por la mitad del precio.

iii La oferta es válida sólo por tres noches.

iv El desayuno y el impuesto están incluidos en el precio.

5 A group of young Europeans were asked why many of them continued living with their parents after leaving school.

Can you think of some reasons why young people might stay at home? Try listing them in Spanish in order of importance and then compare your answers with those in the following chart.

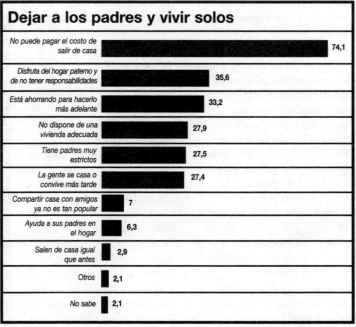

(El Mercurio, Chile)

The following article looks at this issue from the point of view of young Spanish people. Why do you think many of them continue living with their parents well into their twenties? Read and find out.

VIVIR CON MAMÁ A LOS 30, UNA MODA IMPUESTA POR LAS CIRCUNSTANCIAS

En España es muy normal que los jóvenes de 25 a 30 años e incluso de más edad vivan aún con los padres, hecho insólito para otras culturas como la europea o americana. Allí los jóvenes no suelen quedarse con sus padres más allá de los 20 años. Esta permanencia prolongada, en opinión de algunos sociólogos y psicólogos, puede provocar sentimientos de inferioridad. Los padres tampoco se sienten muy felices.

En Estados Unidos, cuando el chico cumple los 18 años e inicia sus estudios universitarios se marcha de casa. Normalmente suele matricularse en una universidad que queda lejos de su ciudad e incluso fuera de su Estado. Las chicas y muchachos americanos emigran de sus casas a una edad temprana, en la mayoría de los casos para siempre, pues si acaso regresan a su ciudad para trabajar, vivirán solos en un apartamento, o en el peor de los casos compartiéndolo con algún amigo.

En España esa mentalidad independentista se inició años atrás, pero se ha truncado. Alfonso de Hohenlohe, 30 años, aristócrata y conspicuo representante de la *jet* española, piensa que vivir con los padres resulta más cómodo. Él aún comparte techo con su madre y afirma, *'mi relación con ella es*

perfecta, tiene una mentalidad jovencísima y es fácil convivir con ella, si no, no dudaría en vivir solo. Desde luego es más cómodo vivir en familia porque no te tienes que ocupar de nada, ahorras y tienes independencia, como es mi caso. La casa además es amplia y confortable'.

Para el español Alfonso Ibáñez, administrativo, 33 años viviendo con sus padres, ésa es otra historia. Él sigue todavía viviendo en la casa que le vio nacer y eso le supone una carga difícil de llevar. *'La situación – dice – es a menudo exasperante, notas una asfixia que impide desarrollar tu personalidad. No se trata, por supuesto, de que a mis 33 años me limiten la libertad, sino que uno necesita más que un cuarto de tres por dos en donde tener su propia intimidad.'*

Falta de espacio. – Este sentimiento de Alfonso es compartido por muchos de los que viven con los padres pasados los 20. La falta de independencia y la ausencia de un espacio propio donde tener relaciones íntimas son las mayores y más dolorosas inconveniencias que apuntan todos aquéllos que padecen esta situación …

Y es que en España las cosas son diferentes. Para asombro de extraños, es muy normal encontrar en este país hombres y mujeres que, superada ampliamente ya la etapa de juventud, aún comparten vivienda con sus progenitores. *'Ahora* (señala el sociólogo Amando de Miguel) *se ha invertido la tendencia que se daba en los años sesenta y principios de los setenta cuando los jóvenes buscaban su independencia y marchaban a vivir solos o en grupos de amigos en viviendas de alquiler. La vocación emancipadora se ha roto y se ha reinstaurado la costumbre de no salir de la casa paterna hasta el casamiento.'*

Dulce confort. – Hay que referirse a la cuestión económica como principal responsable de esta situación. Entre los 16 y 29 años el paro alcanza la inquietante cifra de 40 por ciento. Sin un salario que recibir mensualmente es imposible pensar en independizarse, al menos aquí en España …

(*Revista Tiempo Nº 316, España*)

insólito	*unusual*
temprano(a)	*early*
si acaso	*if*
truncarse	*to cut short*
ahorrar	*to save*
carga (f)	*burden*
doloroso(a)	*painful*
padecer	*to suffer*
asombro (m)	*surprise*
etapa (f)	*stage*
progenitores (m pl)	*parents*
romperse	*to break*
alcanzar	*to reach*
inquietante	*disturbing*

Read the text again and see how the following phrases have been used. For each of them write an alternative phrase expressing the same idea. In the answer key you will find some examples.

a Comparte techo con su madre.
b Emigran de sus casas a una edad temprana.
c Mi relación con ella es perfecta.
d No te tienes que ocupar de nada.
e La casa que le vio nacer.
f Este sentimiento es compartido por muchos.
g Aún comparten vivienda con sus progenitores.
h La vocación emancipadora se ha roto.

07

¿por dónde se va?

In this unit you will learn:
- how to ask how to get to a place
- how to give directions
- how to ask and give information about transport

▶ 1 ¿Qué línea tengo que tomar?

Mark Johnson, un turista de visita en Madrid, pregunta cómo ir a la estación de Chamartín. Mark está en la estación de metro Sol.

Mark   Perdone, ¿qué línea tengo que tomar para ir a la estación de Chamartín?

Empleado   Coja la línea 1 hasta Plaza de Castilla y allí cambie a la línea 8 en dirección a Fuencarral.

Mark   Gracias.

Empleado   De nada.

línea (f)	*line*
coger	*to take*

Coger and tomar *to take*, are interchangeable in this context. Coger, however, seems to be more frequent in Spain. In certain Latin-American countries, notably Argentina, coger is a taboo word and it is better to avoid it. Tomar will be understood everywhere.

¿Verdadero o falso?

a Mark desea ir a la estación de Chamartín.
b La línea 1 va directo a Chamartín.
c Mark tiene que cambiar a la línea 8 en Fuencarral.

▶ 2 ¿A qué hora llega el expreso?

Mark ha ido a la estación de Chamartín a buscar a un amigo que viene de Zaragoza. En información Mark pregunta por la llegada del tren.

Mark   Por favor, ¿a qué hora llega el expreso que viene de Zaragoza?

Empleada La hora de llegada es a las catorce treinta, pero hoy viene con veinte minutos de retraso. Llegará a las catorce cincuenta.

Mark   ¿A qué andén llega?

Empleada No lo sé, tiene que mirar el tablero de llegadas.

Mark   Gracias.

Empleada De nada.

llegada (f)	*arrival*
retraso (m)	*delay*
andén (m)	*platform*
tablero (m)	*board*

Notice the use of the 24-hour clock, normally used by officials in public places such as railway stations. Although you need to understand it you don't have to use it as people use phrases such as (las siete) de la mañana, (*7 o'clock*) *in the morning*, (las siete) de la tarde, (*7 o'clock*) *in the evening*, to refer to a.m. and p.m. respectively.

Comprehension exercise 1

Answer the following questions in Spanish, using the 12-hour clock.

a ¿A qué hora llega normalmente a Madrid el expreso de Zaragoza?

b ¿Con cuántos minutos de retraso llegará hoy?

c ¿A qué hora llega?

▶ 3 Sigan todo recto

Mark y su amigo Robert están en un hotel en la calle de la Magdalena. En su segundo día en Madrid deciden visitar el Museo del Prado. En la recepción del hotel preguntan cómo llegar hasta allí.

Robert   Buenos días.

Recepcionista   Buenos días, señor. Dígame.

Robert   Por favor, ¿nos puede decir por dónde se va al Museo del Prado?

Recepcionista   Sí, miren, al salir del hotel tuerzan ustedes a la derecha y vayan hasta la Plaza Antón Martín que está a cien metros de aquí. Allí cojan la calle de León que está a la izquierda y sigan hasta la calle Lope de Vega. Sigan todo recto por Lope de Vega hasta llegar al Paseo del Prado. Al otro lado del Paseo está el Museo.

Robert	Muchas gracias. Dígame, ¿hay alguna oficina de correos por aquí?
Recepcionista	No, por aquí no. Pero si es para comprar sellos, en la Plaza de Antón Martín hay un estanco. Allí venden sellos.
Robert	Gracias, adiós.
Recepcionista	Adiós, buenos días.

sigan todo recto	*go straight on*
tuerzan (torcer)	*turn (to turn)*
hasta llegar a	*until you get to*
estanco (m)	*tobacco shop*

Note the following phrase:

> **¿Por dónde se va a ...?** *Which is the way to?* (Lit. *Which way does one go to ...?*)

This is an impersonal expression and a very useful form of asking the way.

Comprehension exercise 2

After leaving the hotel, Robert repeated the directions given by the receptionist to Mark in English. Complete Robert's version of the directions: '*First we have to turn ...*'.

▶ 4 Se puede ir en tren o en autocar

Mark y Robert quieren viajar a Toledo, ciudad que está a 70 km de Madrid. En una agencia de viajes piden información.

Empleada	Buenos días, ¿qué desean?
Mark	Por favor, ¿podría decirnos cómo podemos viajar a Toledo?
Empleada	A Toledo se puede ir en tren o en autocar. Los trenes salen de la estación de Atocha y los autocares de la estación Sur, en la calle Canarias.
Mark	¿Sabe usted cuál es el horario de los trenes?
Empleada	Hay trenes cada hora, a la hora exacta, a partir de las siete de la mañana y hasta las veintitrés horas.
Mark	¿Dónde está la estación de Atocha?
Empleada	Pues, tienen que coger la línea 1 del metro. Pueden cogerla aquí en Sol. Les llevará directo.

Mark	¿Tiene usted un folleto informativo sobre Toledo?
Empleada	No, de Toledo no nos queda ninguno, pero en la estación quizá puedan conseguir uno.
Mark	Muchas gracias. Adiós.
Empleada	No hay de qué.

autocar (m)	*coach*
folleto informativo (m)	*information brochure*
quedar	*to be left*
no hay de qué	*you're welcome*

Notes

a **Se puede ir** en tren o en autocar.

You can go by train or coach.

Notice here the impersonal phrase **se puede ir** (Lit. *one can go*). An alternative would be:

Pueden ir en tren o en autocar.

You can go by train or coach.

b **Quizá puedan** conseguir uno.

Perhaps you'll be able to get one.

Because **quizá** expresses doubt, the verb here, **poder**, is in the present subjunctive.

Comprehension exercise 3

Complete these phrases with information from the dialogue:

a A Toledo se puede ir en (means of transport) …
b Los trenes salen de (name of station) …
c Los autocares salen de (name of coach station) …
d Hay trenes (frequency) …
e El primer tren sale a las (time) …
f El último tren sale a las (time) …

Key sentences

Asking the way

¿Dónde está …?

Where is it?

¿Nos puede decir por dónde se va a …?

Can you tell us how we can get to …?

Other ways of asking the way

¿La ruta/carretera/autopista para ... por favor?	*The road/highway/motorway for ... please?*
¿En qué dirección está ...?	*In which direction is ...?*

Giving directions

Tuerza/doble a la derecha.	*Turn right.*
Vaya hasta ...	*Go as far as ...*
Siga hasta la calle ...	*Continue as far as ... street.*
Siga todo recto	*Go straight on*
Tome/coja ...	*Take ...*

Other ways of giving directions

Suba/baje por esta calle.	*Go up/down this road.*
Está al lado de/junto a ...	*It is next to ...*
Está en la esquina.	*It is on the corner.*
Cruce ...	*Cross ...*
Está al lado	*It is next door*
Está enfrente de ...	*It is opposite ...*
Está entre ... y ...	*It is between ... and ...*

Asking and giving information about transport

¿Qué línea tengo que tomar/coger?	*What line do I have to take?*
Tome/coja la línea 1.	*Take line 1.*
Cambie/transborde a ... en ...	*Change on to ... at ...*
¿Podría decirme/nos cómo puedo/podemos viajar a ...?	*Can you tell me/us how I can/we can travel to ...?*
¿A qué hora llega el expreso?	*What time does the express train arrive?*
La hora de llegada es a las ...	*The arrival time is ...*
Llega/llegará a las ...	*It arrives/it will arrive at ...*
Sale(n) de ...	*It leaves/they leave from ...*
Hay (trenes) cada hora.	*There are (trains) every hour.*

Grammar

The imperative – giving commands

Directions are normally given with the imperative, e.g. **cruce la calle** *cross the street*, **suba por esta avenida** *go up along this avenue*. The imperative is the same as the third person singular of the present subjunctive (see Unit 6). As with the subjunctive, you use the stem of the first person singular of the present tense plus the appropriate ending. In Spanish, you use different imperative forms depending on who you are talking to (polite or familiar) and whether you are speaking to one, or more than one, person (singular or plural).

a Polite imperatives

Here are the polite imperatives of three regular verbs: **doblar** *to turn*, **retroceder** *to go back*, **subir** *to go up*:

Present tense (1st person)	Imperative	
doblo	doble	*turn* (sing)
	doblen	*turn* (pl)
retrocedo	retroceda	*go back* (sing)
	retroceda**n**	*go back* (pl)
subo	suba	*go up* (sing)
	suba**n**	*go up* (pl)

The negative imperative is formed by placing **no** before the verb, e.g. **no** doble aquí *don't turn here*. As the imperative is formed with the stem of the 1st person singular of the present tense, verbs which are irregular in the present are also irregular in the imperative, e.g. **vengo** *I come*, **venga** *come*.

b Positive familiar imperatives

Familiar imperatives have different positive and negative forms:

Present tense (1st person)	Imperative (sing/pl)	
doblo	dobla/d	*turn*
retrocedo	retrocede/d	*go back*
subo	sube/id	*go up*

Irregular forms: di (decir), haz (hacer), ve (ir), oye (oír), pon (poner), sal (salir), ten (tener), ven (venir), sé (ser).

c Negative familiar imperatives

Present tense (1st person)	Imperative (sing/pl)	
doblo	no dobles	*don't turn*
	no dobléis	*don't turn*
retrocedo	no retrocedas	*don't go back*
	no retrocedáis	*don't go back*
subo	no subas	*don't go up*
	no subáis	*don't go up*

d Pronouns with imperatives

If the imperative includes a pronoun, this must go at the end of the positive form but before the negative one. Positive imperatives which carry a pronoun may need to add an accent, e.g. **bajarse** *to get off*: **bájese** *get off*, **no se baje** *don't get off*.

Language check

Change the imperative into the familiar form.

Para llegar a mi oficina **coja** el autobús número 4 y **bájese** en la plaza Isabel La Católica. **Cruce** la plaza en dirección a la Catedral y **suba** por la calle de la Catedral hasta el primer semáforo. La empresa donde trabajo está justo en la esquina. **Suba** en el ascensor hasta la quinta planta. Al salir del ascensor hay un pasillo. **Siga** por el pasillo hasta el fondo. Mi oficina es la 510 y está a la mano izquierda.

Practice

1 You have been in Madrid for a few days and you are now familiar with the underground system (**el metro**). Someone you have met at your hotel near the Opera metro, who does not speak English, needs your help. Look at the map of the Madrid underground on page 91 and answer his questions.

Conocido   Buenos días, ¿cómo está Vd.?
Tú   (*Reply to his greeting.*)

Conocido	Muy bien, gracias. Hoy tengo que ir a visitar a unos amigos que viven cerca de la estación de Goya. ¿Sabe Vd. qué línea tengo que tomar?
Tú	(*Study the map of the underground and tell him how to get there.*)
Conocido	¿Va directo?
Tú	(*Tell him whether it does or not.*)
Conocido	Gracias. Y después tengo que ir a una tienda que está cerca de la estación de Colombia. ¿Podría decirme qué línea tengo que tomar para ir allí desde la estación de Goya?
Tú	(*Study the map and tell him how to get there.*)
Conocido	Muchas gracias. Aún no entiendo el metro de Madrid. ¿Y Vd. qué planes tiene para hoy?
Tú	(*Say you are going to the Prado Museum and then you'll have lunch with a Spanish friend.*)
Conocido	Bueno, espero que nos veamos esta noche. Podríamos salir a tomar una copa, ¿qué le parece?
Vd.	(*Why not! You'll be back at the hotel about 7.00.*)

Note: There is no one way to give the directions above. The **Key to the exercises** provides a model.

2 With the help of the map overleaf, try building up simple dialogues showing different ways of asking and giving directions. Use some of the words and phrases from the introductory dialogues and from the **Key sentences** section.

a You get out of the **metro** station at Nuñez de Balboa (N° 9 on the map) and someone stops you to ask the way to the Banco Central (N° 4 on the map).

b You have been to a museum (N° 1) and as you go out, someone stops you to ask the way to the Hotel Plaza (N° 6).

1) Museo	7) Cine Real
2) Oficina de Correos	8) Hospital Reina Sofía
3) Banco Nacional	9) Metro Núñez de Balboa
4) Banco Central	10) Estanco
5) Oficina de Turismo	11) Farmacia
6) Hotel Plaza	12) Teléfono Público

3 Someone who is visiting a South American country received this letter with directions. Complete it with the most appropriate word. Notice it is a formal letter.

Estimada señora Peña:

El objeto de la presente es explicarle brevemente cómo llegar hasta nuestras oficinas desde su hotel.

Al _____ del hotel _____ a la derecha y _____ hasta la estación de metro _____ próxima, que es la estación de Moneda. Allí _____ la línea 1 que va en _____ a Las Condes y _____ en la estación de Pedro de Valdivia que _____ en la Avenida Providencia. A dos _____ de allí, en _____ oriente, está la calle Concepción. Allí _____ a la izquierda y _____ por esa misma calle _____ el final. Nuestra oficina se encuentra justo en la _____ a la mano derecha. Atentamente,

Julián García

4 Christine lives in London and today her friend Antonio is coming to visit her. This is the note Christine sent to Antonio with directions to get to her place. First study the note and make sure you understand the directions. Then do the exercise below.

¡Hola Antonio!

Te envío esta nota para decirte cómo llegar a mi casa desde la estación Victoria. Yo vivo cerca de la estación de metro de Hammersmith. Al llegar a Victoria tienes que buscar la estación de metro y preguntar por la 'District line'. Coge esa línea en dirección a Richmond o a Ealing Broadway y bájate en Hammersmith. Al salir de la estación de Hammersmith cruza la calle por el paso subterráneo hasta Shepherd's Bush Road. Sigue todo recto por Shepherd's Bush Road hasta llegar a un pequeño parque que verás a tu derecha. Ése es Brook Green. Sigue por el lado derecho del parque hasta Luxemburg Gardens, que es donde yo vivo. Es la segunda calle viniendo de Shepherd's Bush Road. Allí tuerces a la derecha. Mi casa tiene el número 25 y está en la esquina.

Espero que no te pierdas.

Un abrazo

Christine

Imagine the directions are for somebody much older than Christine whom she doesn't know well. She would need to use the polite form. Rewrite the note using the polite imperative, making other necessary changes.

5 A tourist goes to a railway station in Madrid to enquire about rail travel between Madrid and Paris. Use the information overleaf to make up a possible dialogue between him/her and the person at the information desk. Include information such as the number of trains a day, how long it takes to travel, departure and arrival times, whether you need to change trains, and any other information you may think relevant. In the **Key to the exercises** you will find a model dialogue.

	MADRID	IRÚN	PARÍS

HORARIO DE TRENES

MADRID -PARIS- LISBOA

2 DE JUNIO AL 28 DE SEPTIEMBRE **26**

TIPO DE TREN	Estrella	EC
ORIGEN		
MADRID-CHAMARTIN	18.15	19.35
ARANDA DE DUERO	20.38		
BURGOS	21.48	22.12
MIRANDA DE EBRO	23.16		
GASTEIZ/VITORIA	23.43		
DONOSTIA/SAN SEBASTIÁN	1.35		
IRÚN	2.03	1.23
HENDAYA (Transbordar)	2.08	1.39
HENDAYA	3.36	1.59
HENDAYA	5.59	3.57
PARÍS-AUSTERLITZ	10.30	8.30
DESTINO		

RENFE

EC (m)	*Eurocity*
RENFE (Red Nacional de los Ferrocarriles Españoles)	*Spanish railways*

▶ **6 ¡A escuchar!**

En viaje al aeropuerto: Here is some more practice in understanding directions. Listen to the recordings or alternatively read the transcripts, and take notes in English of the directions given by each speaker.

7 Your Spanish-speaking friend wants to take a holiday abroad. What advice would you give him/her to travel cheaply? Read the article which follows and see if you can find suggestions you did not think of.

Busca un destino donde tu dinero valga más.

TRUCOS PARA HACER TURISMO SIN ARRUINARTE

- Viaja fuera de las fechas que se consideran temporada alta. Un par de días de diferencia pueden significar precios más baratos.

- Elige agencias especializadas en el destino escogido. Además de conocer todas las tarifas, y acceder a precios más baratos, te ayudarán a planear mejor el viaje. Las oficinas de turismo de cada país tienen listados de estas agencias.

- Pide los precios por separado si prefieres contratar un paquete turístico (viaje, traslados con guía y alojamiento): a veces la tarifa global oculta que te cobran a precio de oro los transportes del aeropuerto al hotel, y viceversa. En estos casos, ir en taxi te puede salir mucho más económico.

- La fórmula más barata suele ser 'avión + alojamiento'. Si eres un viajero experimentado y sabes moverte con soltura en otros países, no dudes en contratarla.

- Haz tu reserva con antelación y, para mayor tranquilidad, contrata en la propia agencia un seguro de cancelación del viaje.

- Aprovecha las ofertas de última hora si tienes la suerte de no tener que ajustar tus vacaciones a unas fechas determinadas. Pero ten en cuenta que, contratando una semana antes de salir, difícilmente podrás elegir el destino que más te guste.

- Si quieres hacer un 'tour' por varios países, siempre te saldrá más económico contratar un viaje organizado que ir por libre.

(*Revista Quo*)

temporada alta (f)	*high season*
a precio de oro	*a fortune*
con antelación	*in advance*
por libre	*independently*

Now read the article again and:

a Find all the imperative forms used in the passage and list them with their corresponding infinitive.

b Find the equivalent of the following words and phrases:

> tener acceso   planificar   lista   separadamente
> el precio total   con facilidad

08

servicios y comunicaciones

In this unit you will learn:
- how to refer to the recent past
- how to use indirect speech
- how to make complaints
- how to give advice and recommendations
- how to give instructions
- how to express certainty and uncertainty

▶ 1 Una reclamación

07

Pamela Miles ha pedido una transferencia de dinero desde su banco en Inglaterra, pero la transferencia aún no ha llegado.

Pamela	Buenos días.
Empleado	Buenos días. ¿Dígame?
Pamela	He pedido una transferencia de dinero a mi banco en Inglaterra y quisiera saber si ha llegado.
Empleado	¿Su nombre, por favor?
Pamela	Pamela Miles. M-i-l-e-s. Miles.
Empleado	Un momento, por favor. Veré si ha llegado.

(*El empleado revisa la documentación y se dirige a la clienta.*)

	Aún no ha llegado. ¿Cuándo la pidió usted?
Pamela	La pedí hace una semana. Me dijeron que la enviarían inmediatamente y que tardaría sólo dos días. ¿Está seguro de que no hay nada?
Empleado	Estoy completamente seguro. He revisado todas las transferencias que han llegado en los últimos días y la suya no está.
Pamela	¡No es posible! ¿Qué puedo hacer? Necesito ese dinero urgentemente.
Empleado	Pues, lo siento mucho, pero lamentablemente yo no puedo hacer nada. ¿Por qué no vuelve Vd. mañana sobre el mediodía para ver si la hemos recibido? Y si no ha llegado, es mejor que llame Vd. por teléfono o escriba a su banco en Inglaterra para saber qué ha ocurrido.
Pamela	Bien, volveré mañana. Adiós.
Empleado	Adiós. Buenos días.

reclamación (f)	*complaint*
estar seguro	*to be sure*

Comprehension exercise 1

What words and phrases are used in the dialogue to express the following?

a ¿Qué desea?
b Todavía.
c De inmediato.
d Con urgencia.
e Desgraciadamente.
f A eso de …
g Telefonear.
h Suceder

▶ 2 Una llamada telefónica

En un locutorio de la Compañía Telefónica, Pamela Miles pregunta a la telefonista cómo llamar a Inglaterra.

Pamela   Por favor, ¿podría decirme qué prefijo tengo que marcar para llamar a Londres?

Telefonista   Primero tiene que marcar el cero siete que es internacional y espere un segundo tono. Después marque el cuarenta y cuatro que corresponde a Inglaterra.

Pamela   Cero siete, cuarenta y cuatro ...

Telefonista   Luego marque el siete uno u ocho uno de Londres*, y el número del abonado.

Pamela   Vale. Gracias.

Telefonista   Pase a la cabina siete.

*London numbers have since changed to '020 7 or '020 8'.

prefijo (m)	*code*
marcar	*to dial*
tono (m)	*dialling tone*
abonado (m)	*subscriber*

Notes

a Notice that instructions here are expressed with **tener que** plus the infinitive, e.g. **tiene que marcar** *you have to dial*, and with the imperative, a much more frequent construction, **marque** *dial*, **espere** *wait*. For the formation of the imperative see Unit 7.

b Observe the change from **c** to **qu** in **marcar** (*to dial*) in the imperative form **marque** *dial*. Similar changes occur in:

buscar *to look for*	**busque** *look for*
tocar *to play*	**toque** *play*

Notice also the change from **g** to **gu** and **g** to **j** in:

llegar *to arrive*	**llegue** *arrive*
pagar *to pay*	**pague** *pay*
coger *to catch*	**coja** *catch*

Comprehension exercise 2

List all the verbs from the dialogue which are used to express
instructions, e.g. **llame** *call*, and give the infinitive
corresponding to each one, e.g. **llamar** *to call*.

▶ 3 En Correos

Robert Davies, un hombre de negocios, desea enviar unas
muestras desde Bilbao a Madrid. En Correos pide información.

Sr. Davies Buenos días. Quisiera enviar unas muestras a Madrid.
¿Qué servicio me recomienda? Las necesitan con
urgencia.

Empleada Pues, en ese caso le recomiendo que utilice el servicio
postal express. Es un servicio de urgencia y además
tiene la ventaja de que el envío es certificado. Es el
servicio más seguro y rápido que tenemos.

Sr. Davies ¿Y lo llevan a domicilio?

Empleada Sí, la entrega se hace a domicilio. Es un poco más caro
que los otros servicios, pero en este caso creo que es
lo que más le conviene.

Sr. Davies Gracias. Éste es el paquete que quiero enviar.

hombre de negocios (m)	*businessman*
muestra (f)	*sample*
envío (m)	*package, parcel*
domicilio (m)	*home, address*
entrega (f)	*delivery*

Note the following:

Le recomiendo que **utilice**
el servicio postal express.

*I recommend you use the
postal express service.*

After **recomendar**, when the subject of the first clause (**Yo le
recomiendo ...**) is different from the subject of the second clause
(**...que Vd. utilice ...**) you need to use the subjunctive. Here, the
verb **utilizar** is in the present subjunctive. For the formation of
the present subjective see Unit 6.

Comprehension exercise 3

Study the dialogue once more and try to memorize some of the
key words and phrases used in it, then complete this passage
with the most suitable words and phrases. Try not to look at the
text while you work through it.

El señor Davies va a _____ porque quiere enviar unas _____ a Madrid. La empleada le _____ que utilice el servicio _____ express, porque éste es un servicio de _____ y además tiene la _____ de que el envío es _____. Por otra parte, la _____ se hace a domicilio. Este servicio es más _____ que los otros, pero, en este caso, cree la empleada, es lo que más le _____ al señor Davies.

▶ 4 Una queja

John y Helen Brown, dos turistas de vacaciones en España, han alquilado un coche a través de una agencia en Inglaterra. Al llegar al aeropuerto en Palma de Mallorca, John y su mujer se dirigen al mostrador de la agencia de alquiler.

Sr. Brown Buenas tardes.

Empleada Buenas tardes.

Sr. Brown Me llamo John Brown. Hemos alquilado un coche a través de su agencia en Manchester. ¿Dónde podemos recogerlo?

Empleada ¿Cómo me ha dicho que se llama?

Sr. Brown John Brown. B-r-o-w-n. Brown.

Empleada Un momento, por favor. ... Sí, aquí tenemos una reserva a su nombre, pero es para el día quince y hoy estamos a catorce.

Sr. Brown ¿Cómo? ¿Para el día quince ha dicho Vd.? Mire Vd., yo mismo hice la reserva y no me cabe duda que era para el catorce. ¡Esto es el colmo de la incompetencia! Exijo que me entreguen el coche que pedí inmediatamente.

Empleada Lo siento, pero en este momento no tenemos ningún coche disponible.

Sra. Brown ¡Es increíble! Es la primera vez que nos sucede algo así.

Empleada Pues, les aconsejo que hablen con el encargado. A lo mejor él les puede solucionar el problema. Yo no puedo hacer nada. ¿Quieren esperar un momento, por favor? Iré a buscarle.

recoger	*to pick up, collect*
yo mismo	*I … myself*
no me cabe duda …	*I have no doubt …*
es el colmo (de) …	*it's the height of, it's the limit …*
exigir	*to demand, insist*
aconsejar	*to advise*

Comprehension exercise 4

Answer the following questions in Spanish.

a ¿Dónde alquilaron el coche los Brown?
b ¿Para qué día hicieron la reserva?
c ¿Quién hizo la reserva?
d ¿Para qué día tenía la reserva la agencia en Palma de Mallorca?
e ¿Por qué no puede darle otro coche la empleada?
f ¿Qué les aconseja la empleada?

Key sentences

Referring to the recent past

He pedido una transferencia.
Aún no ha llegado.

I've asked for a transfer.
It hasn't arrived yet.

Using indirect speech

Me dijeron que la enviarían inmediatamente.

They told me they would send it immediately.

Me dijeron que tardaría sólo dos días.

They told me it would take only two days.

Making complaints

¡No es posible!
¡Es increíble!
¡Esto es el colmo de la incompetencia!

That's impossible!
It's incredible!
This is the height of inefficiency!

Other ways of making complaints

Quiero hacer una reclamación.	*I want to make a complaint.*
Tengo una queja.	*I have a complaint.*
Quisiera quejarme de ...	*I'd like to complain about ...*

Giving advice and recommendations

Es mejor que llame Vd. por teléfono a su banco.	*You'd better telephone your bank.*
Le recomiendo que utilice el servicio **postal express**.	*I recommend you use the postal express service.*

The verbs most frequently used to give advice and recommendations are **aconsejar** *to advise*, **recomendar** *to recommend*, **sugerir** *to suggest*.

Giving instructions

Primero tiene que marcar el 07.	*First you have to dial 07.*
Espere un segundo tono.	*Wait for a second dialling tone.*

Note: In writing, instructions and procedures are often expressed with the infinitive, e.g.

levantar el auricular *lift up the receiver*

depositar una moneda de ... euros *insert a coin of ... euros*

Expressing certainty and uncertainty

¿Está seguro/a de que no hay nada?	*Are you sure there is nothing?*
Estoy (completamente) seguro/a.	*I'm (absolutely) sure.*

Other ways of expressing certainty and uncertainty

Me parece que ...	*I think (that) ...*
Creo que ...	*I think (that) ...*
No creo que ... (plus the subjunctive)	*I don't think (that) ...*

Grammar

1 The perfect tense

This is used to refer to the recent past and to events which have happened in a period of time which includes the present.

Sentences such as:

He pedido una transferencia.	*I have asked for a transfer.*
Hemos alquilado un coche.	*We have hired a car.*

refer to the recent past and are normally expressed in Spanish in the perfect tense.

Events which have happened in a period of time which includes the present, e.g. **hoy** *today*, **esta mañana** *this morning*, **esta semana** *this week* **todavía, aún** *still, yet* **ya** *already*, etc. are also normally expressed in the perfect tense, as in:

Hoy he hablado con él.	*Today I've spoken to him.*
Aún no ha llegado.	*It hasn't arrived yet.*

a In Latin America and in the North-Western regions of Spain, notably Galicia and Asturias, the preterite tense, e.g. **Hoy hablé con él** *Today I spoke to him*, is much more common than the perfect tense.

b The Spanish perfect tense often translates into English as simple past, e.g. **Lo he llamado hace un rato**. *I phoned him a while ago.*

Formation

To form the perfect tense you use the present tense of **haber** *to have* followed by a past participle which does not change. The past participle of -**ar** verbs ends in -**ado** while -**er** and -**ir** verbs form the past participle by adding -**ido** to the stem. Here are two verbs, **llegar** *to arrive*, and **pedir** *to ask for* in the perfect tense.

he llegado	*I have arrived*
has llegado	*you have arrived* (familiar)
ha llegado	*he/she/it has arrived, you have arrived*
hemos llegado	*we have arrived*
habéis llegado	*you have arrived* (familiar)
han llegado	*they/you have arrived*

he ped**ido**	*I have asked (for)*
has ped**ido**	*you have asked (for) (familiar)*
ha ped**ido**	*he/she/it has asked (for), you have asked (for)*
hemos ped**ido**	*we have asked (for)*
habéis ped**ido**	*you have asked (for) (familiar)*
han ped**ido**	*they/you have asked (for)*

2 The conditional tense in indirect speech

Compare these sentences:

La enviaremos inmediatamente.   *We'll send it immediately.*
Me dijeron que la enviarían   *They told me (that) they*
  inmediatamente.   *would send it immediately.*

The first sentence corresponds to a direct statement while the second one introduced by **Me dijeron que ...** is an indirect one. The verb, which in the direct statement is in the future tense, changes into the conditional tense in indirect speech. Here is another example:

Tardará sólo dos días.   *It will take only two days.*
Me dijeron que tardaría sólo   *They told me it would take*
  dos días.   *only two days.*

Other verbs used to introduce indirect statements such as the above are: **asegurar** *to assure*, **prometer** *to promise*, **garantizar** *to guarantee*, etc.

Formation of the conditional tense

Like the future tense, the conditional is formed with the infinitive, to which the endings are added. The endings of the three conjugations are the same as those of the imperfect tense of **-er** and **-ir** verbs (see Unit 5). Here is the conditional tense of a regular verb, **enviar** *to send*.

enviar**ía**	*I would send*
enviar**ías**	*you would send (familiar)*
enviar**ía**	*he/she/you would send*
enviar**íamos**	*we would send*
enviar**íais**	*you would send (familiar)*
enviar**ían**	*they/you would send*

Note that **-er** and **-ir** verbs have the same endings as **-ar** verbs.

Language check

1 Complete this note with the correct form of the perfect tense of the verb shown:

Antonio:

Esta mañana te (llamar) Ricardo. Dice que él y su mujer (llegar) hoy a Madrid y que (reservar) una habitación en el Hotel El Escorial. Volverá a llamar esta tarde. Yo (ir) a Correos a echar unas cartas, pero espero volver antes de las 2.00. Te (dejar) la comida en la nevera.

No te olvides de que mi madre nos (invitar) a cenar esta noche.

Mari Carmen

2 Make indirect statements using the introductory phrases given:

 a **La transferencia llegará mañana.** El empleado me dijo que ...
 b **Tardará una semana.** Ella me aseguró que ...
 c **La carta estará allí el lunes.** En Correos me dijeron que ...
 d **Les entregaremos el coche esta tarde.** En la agencia nos prometieron que ...
 e **Le repararemos el coche ahora mismo.** El mecánico me prometió que ...
 f **Te llamaré por teléfono esta noche.** Alfonso me dijo que ...

Practice

1 Write a dialogue based on the following situation outlined below. Use some of the words and phrases you learnt in the introductory dialogues as well as those listed in the box opposite.

You have written to your bank asking them to transfer money to your current account at the Banco del Progreso in Buenos Aires. After inquiring at the bank for the third time, you are told by an employee that your money still hasn't come. The employee apologises and suggests that you write to your bank to find out what has happened. You are sure the money has been sent (your father telephoned and told you that you would get the money in 48 hours) and you don't want to waste any more time. You insist upon seeing the manager in order to make a complaint. You think this is the height of inefficiency.

la cuenta corriente (f)	*current account*
averiguar	*to find out*
recibir	*to get*
perder tiempo	*to waste time*
exigir	*to insist upon*
director (m)	*bank manager*

2 A Spanish-speaking friend is visiting you at home and you have gone out together for the day. Your friend wants to telephone his/her parents in Barcelona from a public phone box. He/she has never used a public telephone in your country. Tell him/her what to do using the phrases in the box. The code to ring Barcelona from England is 00–3493.

Amigo(a)   Dime, ¿qué tengo que hacer para llamar a Barcelona desde un teléfono público?

Tú   ____ ____ ____ ____ ____ ____ ____

levantar/descolgar el auricular	*to pick up the receiver*
la ranura	*slot*
poner monedas de ...	*insert coins of ...*

Note that **descolgar** changes the o of the stem (**descolg-**) into **ue**.

3 You plan to live in Spain for two years and you want to open a bank account. A Spanish acquaintance has brought you a leaflet from his own bank which gives information about some of the services it provides. How much can you understand? Read it through, then translate it into your own language.

En el Banco Popular Español,

Vd. encontrará siempre ...

AMISTAD para aconsejarle sobre:
• Cómo adquirir un coche, chalet o apartamento.
• Cómo venderlo y repatriar el capital y plusvalías
• Cómo alquilar su apartamento o chalet.
• Cómo importar su lancha, su coche, sus muebles, animales domésticos.
• Cómo contratar una póliza de seguro que cubra su piso o chalet contra robo, incendio, inundaciones.
• Cómo resolver sus problemas de enfermedades y demás necesidades sanitarias y familiares.

amistad (f)	*friendship*
plusvalía (f)	*capital gains*
lancha (f)	*boat*
póliza de seguro (f)	*insurance policy*
incendio (m)	*fire*
inundación (f)	*flood*

▶ 4 ¡A escuchar!

a **¡Dígalo por la PR!** This is the title of a public announcement from *Radio la Romántica*, XHPR, in Veracruz, Mexico. Listen to the announcement, or alternatively, read the transcript of the text, and then explain:

i What kind of service does *Radio la Romántica* offer its listeners?

ii How does this service operate?

b ¡**Quejas y más quejas!** Some people like to complain! Listen to these complaints, or alternatively read the transcript, and then say where each of the complaints takes place and what they are about.

5 Have you ever written a letter of complaint to a newspaper or magazine? Here are two letters sent by people in Chile and Spain. What are they complaining about? Read the letters and find out and then write a brief summary of their content in Spanish.

Sobreventa en línea aérea

Hace unos días mi mujer y yo íbamos a viajar a Londres vía Nueva York, pero al presentarnos en el mesón de Aerosur, nos informaron que no podríamos viajar, ya que el vuelo estaba completo, hecho insólito, ya que habíamos hecho y pagado nuestras reservas hacía un mes.

Nos quejamos al encargado de la línea aérea en el aeropuerto, pero sin éxito. Después de esperar más de dos horas, éste prometió enviarnos en un vuelo que salía al día siguiente.

Regresamos a nuestra casa, y al otro día, antes de iniciar nuestro viaje al aeropuerto, llamamos por teléfono a la línea aérea para reconfirmar nuestras reservas. Grande fue nuestra sorpresa e indignación al enterarnos de que sólo estaba confirmado el vuelo hasta Nueva York, y que en el vuelo de conexión de Nueva York a Londres estábamos en lista de espera. ¡No podíamos creerlo! Nunca nos había sucedido una cosa así, por lo que decidimos anular nuestras reservas y viajar en otra empresa.

La sobreventa, según nos hemos enterado, es una práctica habitual en Aerosur. Ello nos causó grandes molestias y pérdida de tiempo y dinero. Aparte de eso, el trato que recibimos por parte del personal de la línea aérea fue descortés y su actuación incompetente. No volveremos a utilizar sus servicios.

Juan Carlos Reyes,
Santiago de Chile

El inglés en Ibiza

Es el colmo que en España no nos permitan leer en nuestro propio idioma.

Este verano pasé mis vacaciones en un hotel en Ibiza, y todas la indicaciones estaban en inglés. Me pareció increíble. Me dio la impresión de que estaba en Inglaterra o en Estados Unidos en lugar de España. Estoy segura de que esto no sucede en otros países. Al menos en mis viajes nunca lo había experimentado. Sentí que era una suerte de discriminación ejercida contra los españoles en su propio país. ¿Dónde están las autoridades que no hacen nada al respecto? Debería haber una ley que prohibiera situaciones como ésta. Defendamos nuestra lengua.

María de la Luz García, *Madrid*

Read the letters again and find the expressions which mean the following:

a puesto que
b raro, extraño
c presentamos una queja
d empezar, comenzar
e rabia, ira
f poco cortés, poco amable
g nunca me había pasado
h una especie de

sobreventa (f)	*overbooking*
mesón (m)	*counter*
enterarse	*to find out*
ley (f)	*law*

09

usted, el consumidor

In this unit you will learn:
- how to ask for something in a shop and enquire about forms of payment
- how to describe things
- how to express open and remote conditions
- how to express obligation and needs
- how to express surprise

▶ 1 En una tienda de artículos de piel

Una señora entra en una tienda de artículos de piel para comprar un regalo para su hija.

Clienta	Buenas tardes. Quisiera comprar un bolso. Es para regalo.
Dependienta	¿Es para una persona joven?
Clienta	Sí, es para mi hija que está de cumpleaños.
Dependienta	¿Cuánto desea gastar aproximadamente?
Clienta	Unos cien euros.
Dependienta	Pues, tenemos éstos que están de oferta y están muy bien de precio. Los tenemos a ochenta y cinco euros. Este marrón, por ejemplo, es muy bonito y es de muy buena calidad. Mire Vd.
Clienta	Sí, es precioso. Pero no creo que a mi hija le guste ese color. Prefiero llevar uno blanco. Aquél, por ejemplo, ¿vale lo mismo?
Dependienta	Sí, tiene el mismo precio. Y si no le gusta puede cambiarlo, pero deberá traer la factura.
Clienta	De acuerdo. Me lo quedo.
Dependienta	¿Va a pagar en efectivo?
Clienta	No, ¿puedo pagar con tarjeta de crédito?
Dependienta	Sí, sí, claro.
Clienta	¿Me lo puede envolver para regalo, por favor?
Dependienta	Sí, por supuesto.

piel (f)	*leather*
bolso (m)	*handbag*
gastar	*to spend*
oferta (f)	*special offer*
me lo quedo	*I'll take it*
en efectivo (m)	*cash*
envolver	*to wrap up*

Comprehension exercise 1

Read or listen to the conversation again and then, without looking at the text, try completing the following summary of the dialogue with the missing words.

Una mujer entra en una ____ para comprar un ____ para su hija que está de ____ La dependienta le enseña unos que están de ____, entre ellos uno de color marrón. Pero la clienta no cree que a su hija le ____ ese color, por lo que prefiere ____ uno blanco. La mujer paga con ____ y pide a la dependienta que se lo ____ para regalo.

▶ 2 Describiendo un coche

Javier y su amiga Trini hablan de coches.

Javier   ¿Sabes que Cristóbal va a vender su coche?

Trini   ¿De veras? Es un coche estupendo y está casi nuevo. ¿Por qué lo piensa vender?

Javier   Se ha ganado una beca para Estados Unidos y necesita el dinero.

Trini   ¡No me digas! ¿Y sabes tú cuánto pide por él?

Javier   Tres mil euros.

Trini   ¡Hombre! ¡Y con las ganas que tengo yo de tener un coche! Si tuviera dinero se lo compraría.

¿de veras?	*really?*
beca (f)	*scholarship*
¡no me digas!	*you don't say!*
¿cuánto pide por él?	*how much is he asking for it?*
tener ganas	*to want, be longing to*

¿Verdadero o falso?

a Cristóbal ha vendido su coche.

b Critóbal necesita el dinero para obtener una beca.

c El coche está bien de precio.

d Trini piensa comprar el coche de Javier.

▶ 3 En un taller de reparaciones

Un cliente lleva su televisor a un taller de reparaciones.

Cliente Buenas tardes. ¿Podría repararme este televisor?

Empleado ¿Qué le pasa?

Cliente La imagen no se ve muy bien.

Empleado Bien, pero habrá que revisarlo primero y después le daré un presupuesto por la reparación. Y si Vd. está conforme haremos el trabajo.

Cliente De acuerdo. ¿A qué hora puedo volver?

Empleado Vuelva Vd. esta tarde después de las seis.

taller de reparaciones (m)	*repair shop*
imagen (f)	*picture (TV)*
presupuesto (m)	*estimate*
estar conforme	*to be in agreement*

Comprehension exercise 2

Answer the following questions in Spanish.

a ¿Qué problema tiene el televisor?

b ¿Qué va a hacer el empleado antes de repararlo?

c ¿Qué necesita antes de empezar el trabajo?

Key sentences

Asking for something in a shop and enquiring about forms of payment

Quisiera comprar un bolso. — *I'd like to buy a handbag.*

¿Va a pagar en efectivo? — *Are you going to pay cash?*

¿Puedo pagar con tarjeta de crédito? — *May I pay with credit card?*

Describing things

Es muy bonito y es de muy buena calidad.
It is very nice and the quality is very good.

Es un coche estupendo y está casi nuevo.
It is an excellent car and it is almost new.

Expressing open and remote conditions

Si no le gusta puede cambiarlo (open condition).
If you don't like it you can change it.

Si tuviera dinero se lo compraría (remote condition).
If I had money I would buy it from him.

Expressing obligation and needs

Deberá traer la factura.
You'll have to bring the receipt.

Habrá que revisarlo.
It will be necessary to check it.

Expressing surprise

¿De veras?
Really?

¡No me digas!
You don't say!

¡Hombre!
Good heavens!, I never!

Other ways of expressing surprise

¡Qué sorpresa!	*What a surprise!*
Es sorprendente	*It is surprising/amazing*
¡Me parece imposible que ...!	*I can hardly believe ...!*
Me sorprende.	*It surprises me.*
¡Quién lo hubiera creído!	*Who would have thought it!*
¡Parece imposible!	*I can hardly believe it!*

Grammar

1 Conditional sentences

Open conditions

These are sentences in which the condition may or may not be fulfilled, as in:

Si Vd. está conforme haremos el trabajo.
If you are in agreement we shall do the job.

The combination of tenses used in these sentences is the same as it is in English, e.g. present tense *plus* future tense, as in the previous sentence, present tense *plus* present tense, as in:

Si llueve es mejor no ir.	*If it rains it is better not to go.*

Notice that **si** is followed by a verb in the indicative, not the subjunctive.

Remote conditions

Most sentences of this type express a condition which is contrary to fact, that is, which may not be fulfilled, as in:

Si tuviera dinero se lo compraría.	*If I had money I would buy it from him.*

The verb which follows **si** must be in the imperfect subjunctive while the verb in the second clause is normally in the conditional (for the conditional tense see Unit 8).

This same construction is sometimes used to express conditions which may be fulfilled (as in open conditions). Consider, for example:

Si fueras ahora la verías.	*If you went now you would see her.*

which is practically equivalent to:

Si vas ahora la verás.	*If you go now you will see her.*

2 Imperfect subjunctive tense

Formation

The imperfect subjunctive, used in remote conditions, can be formed in two ways. The first is directly derived from the third person plural of the preterite (see Unit 4), for example:

Infinitive	Preterite	Imperfect subjunctive (1st and 3rd person sing)
comprar to buy	compraron	comprara
vender to sell	vendieron	vendiera
escribir to write	escribieron	escribiera

The same derivation occurs with irregular and stem-changing verbs:

tener *to have*	tuvier**on**	tuvier**a**
ser/ir *to be/go*	fuer**on**	fuer**a**
querer *to want*	quisier**on**	quisier**a**

Verbs of the second and third conjugation (-**er** and -**ir**) form the imperfect subjunctive in the same way. First conjugation verbs (-**ar**) have a different set of endings. Here are two examples:

comprar:	(sing)	compr**ara** compr**aras** compr**ara**
	(pl)	compr**áramos** compr**arais** compr**aran**
vender:	(sing)	vend**iera** vend**ieras** vend**iera**
	(pl)	vend**iéramos** vend**ierais** vend**ieran**

The imperfect subjunctive has a second set of endings which appear to be less frequent than the first. The two forms are generally interchangeable. Again, -**er** and -**ir** verbs share the same endings.

comprar:	(sing)	compr**ase** compr**ases** compr**ase**
	(pl)	compr**ásemos** compr**aseis** compr**asen**
vender:	(sing)	vend**iese** vend**ieses** vend**iese**
	(pl)	vend**iésemos** vend**ieseis** vend**iesen**

Sequence of tenses with the imperfect subjunctive

Other than in remote conditions such as the above, the imperfect subjunctive normally occurs in sentences which carry a main clause in the:

a Imperfect:

El **quería** que yo lo **comprara**.   *He wanted me to buy it.*

b Preterite:

Ella me **pidió** que lo **cambiara**.   *She asked me to change it.*

c Pluperfect:

Yo le **había pedido** que me diera un presupuesto. — *I had asked him to give me an estimate.*

d Conditional:

Me **gustaría** que lo hicieras. — *I'd like you to do it.*

e Perfect conditional:

Yo **habría preferido** que lo hicieras. — *I'd have preferred you to do it.*

3 Verbs which express obligation and needs

Tener que *to have to*

Tendré que venderlo. — *I will have to sell it.*

Deber *to have to, must*

Deberá traer la factura. — *You'll have to bring the receipt.*

Ser necesario *to be necessary*

¿Crees que es necesario? — *Do you think it is necessary?*

Necesitar (*to need*)

Necesito un coche. — *I need a car.*
Necesito comprar un regalo. — *I need to buy a present.*

Hacer falta *to be necessary*

¿Hace falta tener visado? — *Does one need a visa?*

Hay que *it is necessary – one has to, you/we have to*

Hay que hacerlo. — *One has to do it.*

Hay derives from **haber** (auxiliary verb *to have*), and it can be used in tenses other than the present tense.

Habrá que revisarlo. — *It will be necessary to check it.*
Hubo que repararlo. — *It was necessary to repair it.*
Habría que venderlo. — *It would be necessary to sell it.*

Language check

1 Follow the example and express remote conditions.

Ejemplo: No iré porque no tengo dinero.

Si tuviera dinero iría.

a No viajaré a España porque no tengo vacaciones.
b No compraré el coche porque está en mal estado.
c No lo haremos reparar porque no merece la pena.
d No se quedarán porque tienen que volver al trabajo.
e No los recibiré porque estoy ocupado.
f Ella no le entiende porque él no habla bien español.

2 Say what you have or need to do. Follow the example.

Ejemplo: ¿Qué necesitas comprar? (**un regalo**)
Necesito comprar un regalo.

a ¿Qué tuviste que hacer? (**vender el piso**)
b ¿Qué tenías que decirme? (**algo importante**)
c ¿Qué hay que hacer? (**nada**)
d ¿Qué debes llevar? (**el pasaporte**)
e ¿Qué necesitabas comprar? (**una maleta**)
f ¿Qué habrá que traer? (**algo para beber**)

Practice

1 You go into a shop to buy yourself a pair of trousers. Play the part of the customer in this conversation with the shop assistant.

Dependiente(a)	¿En qué puedo servirle?
Tú	(*Say you would like a pair of trousers.*)
Dependiente(a)	¿Son para Vd.?
Tú	(*Yes, they are for you.*)
Dependiente(a)	Tenemos éstos de algodón, son de muy buena calidad y están de moda. ¿Qué le parecen?
Tú	(*Yes, you like them very much. Ask if they have them in black.*)

Dependiente(a)	Sí, y también en marrón y en gris. ¿Cuál es su talla?
Tú	(*You are size 46.*)
Dependiente(a)	Sí, éste es el último que nos queda en esa talla.
Tú	(*Say you would like to try them on.*)
Dependiente(a)	Sí, pase Vd. al probador. Está allí, a la derecha.
Tú	(*Say that they fit and ask how much they are.*)
Dependiente(a)	Cuestan cuarenta y ocho euros
Tú	(*Say they are a little expensive, but you like them. You'll take them. Ask if you can pay with a credit card.*)
Dependiente(a)	Sí, por supuesto.

pantalones (m pl)	*trousers*
probarse	*to try on*
quedar/sentar bien	*to fit*

2 You go into a shop to buy some cups and saucers (**tazas y platillos**) that you saw in the window (**el escaparate**) the night before. Unfortunately they are no longer there so someone must have bought them. Describe them to the shop assistant.

Dependiente(a)	¿Qué desea?
Tú	(*Say you would like some cups and saucers that you saw in the window the night before.*)
Dependiente(a)	¿Cómo eran?
Tú	(*Say they were ceramic, and they were green and had a yellow band.*)
Dependiente(a)	¿Eran con asa o sin asa?
Tú	(*No, they didn't have a handle.*)
Dependiente(a)	Ah sí, ahora recuerdo. No nos quedan.
Tú	(*What a pity!*)

cerámica (f)	ceramic
banda (f)	band
asa (f)	handle

3 A friend of yours, who has just started learning Spanish, has asked you to translate the postcard below which she received from someone in Venezuela.

Querida Pat:

¡Qué sorpresa recibir carta tuya otra vez! Me alegro de que estés bien y espero que te vaya estupendamente en tus exámenes finales.

Te agradezco mucho tu invitación para este verano, pero desgraciadamente no tengo suficiente dinero para viajar. Si pudiera, naturalmente que iría a verte. ¡No sabes cómo me gustaría! El próximo año quizás, pero tendré que trabajar mucho para ahorrar dinero ya que el viaje es muy caro. Tú también tendrás que venir a Venezuela algún día. No hace falta que te invite formalmente. Te estaré esperando.

Un abrazo

Raúl

4 ¿Qué harías si te ganaras la lotería?

Ana, Luis, and Raquel each commented on what they would do or buy if they won a big prize in the lottery. Read their comments and match the names with the drawings.

a   b

Ana, 18 años

Si me ganara la lotería, lo primero que haría sería pagar todas mis deudas y las de mis padres con quienes vivo actualmente. También me compraría una gran casa en la playa y la amueblaría lujosamente y, además, compraría un yate, en el que mi novio y yo daríamos la vuelta al mundo. Al regresar nos casaríamos. Si todavía me quedara dinero, lo invertiría muy bien y viviríamos holgadamente. Pero no dejaría mi trabajo, ya que me gusta lo que hago...

Luis, 48 años

Si a mí me tocara la lotería, mi vida cambiaría completamente. No sé si sería más feliz o no, pero sí sé que resolvería mis actuales problemas económicos. Para empezar, renunciaría a mi puesto de administrativo en la empresa donde trabajo e instalaría mi propia empresa, y la administraría personalmente. Ya no tendría un jefe, ni tendría que trabajar ocho horas diarias para ganar un sueldo miserable.

En lo personal, me mudaría con mi familia al mejor barrio de la ciudad. Mi mujer y yo tendríamos cada uno su propio coche, y enviaríamos a nuestro hijo al mejor de los colegios. En verano tomaríamos unas largas vacaciones en la playa y en invierno nos iríamos a esquiar a la montaña. Y todavía nos quedaría suficiente dinero para invertir en la bolsa y vivir bien el resto de nuestras vidas...

Raquel, 32 años

Soy profesora y, si tuviera la suerte de ganar la lotería, haría una gran fiesta para celebrar. No dudaría en dejar mi actividad actual y dedicarme totalmente a escribir novelas, que es lo que siempre he soñado. Ayudaría también a mi familia y a la gente más necesitada de mi pueblo, especialmente a los niños y a los ancianos. Donaría una gran cantidad de dinero al colegio donde trabajo y donde yo misma hice mis estudios. No malgastaría el dinero, pero sí lo disfrutaría mucho ...

Who said the following? Read the comments again and match the sentences below with the appropriate names.

  i   Dejaría mi trabajo.
 ii   No renunciaría a mi puesto.
iii   Yo mismo estaría a cargo de ella.
 iv   Es lo que he querido hacer toda mi vida.
  v   Antes que nada, pagaría todo lo que debo.

Y tú, ¿qué harías si te tocara la lotería?

deuda (f)	debt
tocar	to win
amueblar	to furnish
invertir	to invest
holgadamente	comfortably
instalar	to set up
bolsa (f)	stock exchange
soñar	to dream
donar	to give
malgastar	to squander

▶ **5 ¡A escuchar!**

¿Dónde compra Vd.? Where do people in your country normally buy their food: in traditional corner shops, or in small or large supermarkets? Compare their habits with those of Spanish people in the table below, then listen to or read some interviews conducted by a journalist on the subject of shopping.

TIENDAS DONDE LOS ESPAÑOLES SUELEN COMPRAR SUS ALIMENTOS (%)

Hipermercados	37
Pequeños supermercados	32
Grandes supermercados	14
Tiendas tradicionales	9
Pequeños autoservicios	8

a The first interview is with Rosario Santos, a housewife. As you listen to or read the transcript, answer the questions which follow. Here are some key words.

grandes almacenes (m pl)	*department store*
comestibles (m pl)	*foodstuff*
vecino/a (m f)	*neighbour*
cotillear	*to gossip*

i ¿En qué ocasiones compra en la tienda de su barrio?

ii ¿Cuándo compra en grandes almacenes? ¿Por qué?

iii Y los comestibles, ¿dónde los suele comprar?

b The second interview is with Ana Belmar, a student. Listen to what she has to say, or alternatively, read the transcript, and as you do so, say whether the following statements are **verdaderos o falsos**. Learn first some of the key words.

rebajas (f pl)	*sale*
aprovechar	*to take advantage*
tratándose de ...	*if it is to do with ...*
a la moda	*fashionably*

i Ana prefiere comprar en pequeñas tiendas porque es más barato.

ii Hoy ha comprado en unos grandes almacenes porque hay ofertas especiales.

iii Ana trabaja para comprar su ropa.

c The third interview is with Andrés Calle, an office clerk from South America. Listen to the complete conversation, or read the transcript. This key vocabulary will help you to understand it:

lo cierto es ...	*the truth is ...*
encargarse de	*to be responsible for*
acompañar	*to accompany*

i Listen again, if you have the recording, and as you do so, complete the passage below with the missing words. Alternatively, read the interview once more and then, without looking at the text, try completing the passage below with the words which are missing.

Pues, lo cierto es ____ prefiero ir a una ____ más pequeña donde el ____ sea más directo, más ____. Pero eso sólo lo ____ hacer el fin de ____. Yo soy administrativo y ____ por la mañana y ____ la tarde y cuando ____ las tiendas ya están _____. Por eso vengo a ____ aquí, pues está abierto ____ mediodía. Así aprovecho la ____ de la comida para ____ lo que necesito.

ii Listen again to (or read) the answer given by Andrés Calle to the second question: **¿Y la compra de comestibles, la hace Vd. también?** Summarize his answer in English.

6 A friend of yours who doesn't know any Spanish is thinking of renting an apartment in Spain for the summer. Your friend has been sent the information on consumer protection (in the box overleaf) by a Spanish acquaintance and he/she has asked you to translate it for him/her. Familiarize yourself with the new vocabulary before you do the translation in writing.

combustible (m)	*fuel (gas)*
recogida de basuras (f)	*rubbish collection*
señal (f)	*deposit*
importe (m)	*cost, value*
antelación (f)	*time in advance*
aviso (m)	*notice*

APARTAMENTOS TURÍSTICOS

En el precio del alojamiento van incluidos los siguientes servicios: agua, luz y combustible; recogida de basuras y servicios comunes.

En el momento de realizar la reserva se puede exigir, en concepto de señal, una cantidad que va del 15 al 40% del importe total que corresponda al precio contratado.

Si el usuario decide anular la reserva tiene derecho a una devolución de la señal con unas penalizaciones que van del 5 al 50%, según la antelación del aviso. Si la anulación se efectúa con menos de 7 días de antelación no tendrá derecho a devolución alguna.

ESTE VERANO VIAJA INFORMADO

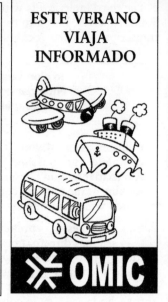

(Oficina Municipal de Información al Consumidor, Ayuntamiento de Toledo)

7 Here is some advice given by a consumer magazine to its readers, in which some key words are missing. Fill in the gaps with an appropriate word from the following list:

> precio   pena   bolsillo   lista   vergüenza   compra   tentación
> estantes   vacío   gastos

Cómo mantener el consumo bajo control

a Antes de salir a comprar, lo mejor es hacer una ____ de lo que necesitas y un presupuesto aproximado.

b No compres alimentos con el estómago ____. Caerías fácilmente en la tentación de adquirir más de lo necesario.

c Si en un gran almacén ves un artículo que no tenías previsto comprar y parece interesarte, trata de no ceder a la primera ____ y déjalo para la próxima vez. Sólo así sabrás si merece la pena comprarlo.

d Muchas veces compramos cosas que no nos sirven para nada, sólo porque están en oferta. Piensa que una oportunidad sólo es real si se trata de un artículo que realmente necesitas y cuyo ____ es inferior al que suele tener habitualmente.

e   Antes de pasar por el cajero de la tienda, compara el dinero que has gastado con el que habías previsto. Si excede, devuelve a los ____ los artículos menos necesarios.

f   No sientas ningún tipo de ____ por salir de un establecimiento sin haber realizado compra alguna.

g   Algunos expertos recomiendan, para luchar contra la adicción al crédito, romper la tarjeta o envolverla con el tícket de la última compra en la que se gastase mucho. Otro remedio es visualizar el dinero saliendo de tu ____ y llegando a las manos del dependiente cuando pagues con la tarjeta.

h   Si tienes problema con el control de ____, divide con tu pareja el dinero disponible. De este modo evitarás llegar a un conflicto familiar.

(Revista Quo)

Read the text again and find the words and phrases which mean the following.

i   A precio rebajado.
ii   Comidas o bebidas necesarias para subsistir.
iii   Persona encargada de atender a los clientes en una tienda.
iv   Cantidad de dinero calculado para hacer frente a ciertos gastos.
v   La persona que recibe el dinero en una tienda.
vi   El marido o la mujer, o la persona con la que tienes una relación sentimental.
vii   Establecimiento comercial dividido en departamentos.

presupuesto (m)	*budget*
ceder	*to give in, yield*
cajero/a (m/f)	*cashier*
estante (m)	*shelf*
romper	*to tear up, break*
envolver	*to wrap up*
pareja (f)	*partner*

10

estar en forma

In this unit you will learn:
- how to describe minor ailments
- how to refer to an action in progress
- how to express indirect suggestions and commands

▶ 1 En el consultorio

A causa de un pequeño accidente, Carlos, un jugador de tenis, consulta a un médico.

Paciente Buenas tardes. Tengo hora con la doctora Martínez.

Recepcionista ¿Su nombre, por favor?

Paciente Carlos González.

Recepcionista Bien …, tendrá que esperar un momento. La doctora está atendiendo a un paciente.

(Después de algunos minutos.)

Pase, por favor.

Paciente Buenas tardes.

Doctora Buenas tardes, señor. Siéntese, por favor. Dígame qué le pasa.

Paciente Ayer, mientras estaba jugando al tenis me caí y me torcí un tobillo, el de la pierna derecha. Me duele mucho y lo tengo hinchado.

Doctora A ver …, ¿Le duele aquí?

Paciente Ay, sí, me duele mucho.

Doctora Bueno, por suerte no es más que un esguince, pero suelen ser bastante dolorosos y tardará unos días en sanar. Le pondré una venda para proteger el tobillo. Y trate de no mover mucho el pie. Si de aquí a quince días no se le ha pasado el dolor y la hinchazón, vuelva a verme, pero no creo que sea necesario.

Paciente Gracias, doctora.

tener hora	*to have an appointment*
caerse	*to fall*
tobillo (m)	*ankle*
torcerse	*to sprain*
doler, duele	*to hurt, it hurts*
hinchado	*swollen*
por suerte	*luckily*
esguince (m)	*sprain, twist*
doloroso	*painful*
venda (f)	*bandage*
sanar	*to recover*
hinchazón (f)	*swelling*

Comprehension exercise 1

Complete the spaces in this passage with one of these words:

> moviera por suerte jugando tobillo vendó
> dolor dolía cayó médico hinchado

Ayer, mientras estaba ____ al tenis Carlos se ____ y se torció el ____ de la pierna derecha. Como le ____ mucho y lo tenía ____ decidió ir a ver al ____. La doctora le dijo que ____ sólo se trataba de un esguince. Ella le ____ el tobillo y le aconsejó que no ____ mucho el pie. Le sugirió además, que si el ____ y la hinchazón persistían volviera a verla.

▶ 2 ¿Qué te dijo el doctor?

María Luisa, una amiga de Carlos, le pregunta sobre la visita al doctor.

María Luisa	Hola, ¿cómo te has sentido?
Carlos	Pues, no muy bien, aún no se me pasa el dolor. Ayer por la tarde fui al médico.
María Luisa	Ah sí, ¿y qué te dijo?
Carlos	Bueno …, que no está roto el tobillo, es sólo un esguince. Me puso una venda y me dijo que tratara de no mover mucho el pie, y que volviera si de aquí a unos días no estoy bien. Ya ves, no podremos jugar al tenis juntos.
María Luisa	¡Hombre! Lo siento.

sentirse	*to feel*
aún no se me pasa el dolor	*the pain is still there*
roto (from romper)	*broken (to break)*
puso (from poner)	*she put, applied*
juntos	*together*

Comprehension exercise 2

Match the words from the dialogue in the first column with their equivalents in the second column:

sentirse	intentar
sentir	dentro de
pasarse	encontrarse
romper	lamentar
tratar	acabarse
volver	quebrar
de aquí a	regresar

Key sentences

Describing minor ailments

Me torcí un tobillo. *I sprained an ankle.*

Me duele mucho. *It hurts very much.*

Lo tengo hinchado. *It is swollen.*

Describing other minor ailments

Me duele la cabeza/el estómago/ el oído/la espalda/la garganta	I have a headache/stomachache/ earache/backache/sore throat
tengo fiebre	I'm running a temperature
tengo indigestión	I have indigestion
tengo estreñimiento/diarrea	I have constipation/diarrhoea
estoy enfermo/a	I'm ill
estoy malo/a	I'm unwell
me siento mal/no me siento bien	I'm not feeling well
estoy constipado/a	I have a cold
he cogido un catarro/la gripe	I've caught a cold/the flu
me he roto la pierna/el brazo	I've broken my leg/arm

Referring to an action in progress

Está atendiendo a un paciente. *She is looking after a patient.*

Estaba jugando al tenis. *I was playing tennis.*

Expressing indirect suggestions or commands

Me dijo que tratara de no mover mucho el pie y que volviera ...	*She told me to try not to move my foot too much and to come back ...*

Grammar

1 *Estar* with the gerund: for actions in progress

Estar with gerund, as in **Está atendiendo a un paciente**, refers to an action in progress at the time of speaking. To refer to an action which was in progress when something else happened, as in **Mientras estaba jugando al tenis me caí** *While I was playing tennis I fell*, you need to use the imperfect tense of **estar** (see Unit 5) followed by a gerund.

The gerund is formed by adding **-ando**, to the stem of **-ar** verbs, e.g. jugar *to play*, **jugando** *playing*, and **-iendo** to the stem of **-er** and **-ir** verbs, e.g. **correr** *to run*, **corriendo** *running*, **subir** *to go up*, **subiendo** *going up*.

Note that the second action will normally be expressed in the preterite tense: **Cuando me caí** *When I fell*. Here are some further examples:

Estoy esperando al médico.	*I'm waiting for the doctor.*
Estábamos trabajando cuando sucedió.	*We were working when it happened.*

The continuous form (e.g. **estoy trabajando**), present or past, can often be replaced by a non-continuous verb form (e.g. **trabajo**) without altering its meaning, for example:

¿Qué estás haciendo?	*What are you doing?*
¿Qué haces?	*What are you doing?*
Estaba jugando al tenis.	*I was playing tennis.*
Jugaba al tenis.	*I was playing tennis.*

The continuous forms, however, are more specific, with the emphasis more on the action in progress rather than on the action alone.

2 Expressing indirect suggestions and commands

Look at the way this suggestion has been reported.

Vuelva si de aquí a unos días no está bien.	*Come back if within a few days you are not well.*
Me dijo que volviera si de aquí a unos días no estoy bien.	*She told me to come back if within a few days I'm not well.*

If the verb in the first clause is in the past (e.g. **me dijo** ... *she told me* ...) the verb form of the direct suggestion or command (e.g. **vuelva** ... *come back* ...) changes into the imperfect subjunctive tense (e.g. ... **que volviera** ... *to come back*) in the indirect sentence.

Consider now this example:

Vuelva dentro de dos semanas.	*Come back within two weeks.*
Quiere que vuelva dentro de dos semanas.	*She wants me to come back within two weeks.*

If the verb in the main clause is in the present tense (e.g. **quiere** ..., *he/she wants* ...) the verb form in the second clause will be in the present subjunctive tense, which is the same as that for the polite imperative, therefore there is no change. Notice however that the verb changes if the direct command is a familiar imperative, e.g. **Vuelve** dentro de dos semanas, Quiere que **vuelva** dentro de dos semanas.

For the forms of the present subjunctive see Unit 6 and for the imperfect subjunctive see Unit 9.

Language check

1 Say what you and others were doing.

Ejemplo: ¿Qué estabas haciendo? (**jugar al tenis**)

Estaba jugando al tenis.

a ¿Qué estabas haciendo? (**correr**)
b ¿Qué estabais haciendo? (**subir las escaleras**)
c ¿Qué estaban haciendo ellos? (**beber**)
d ¿Qué estaba haciendo Antonio? (**trabajar**)

2 Express indirect suggestions and commands.

Ejemplo: No mueva el pie. (**Me dijo ...**)
　　　　 Me dijo que no moviera el pie.

a Vuelva Vd. mañana. (**Me dijo que ...**)
b Descanse Vd. un poco. (**Me aconsejó que ...**)
c No fumen mucho. (**Nos recomendó que ...**)
d Haz más ejercicio. (**El doctor quiere que ...**)

Practice

1 While on holiday in Spain you have problems with your stomach and you go to the chemist's to buy something. Play the part of the customer.

Farmacéutico	¿Dígame?
Cliente(a)	(*Say you would like something for a stomach ache*).
Farmacéutico	¿Tiene Vd. diarrea también?
Cliente(a)	(*Yes, you've also got diarrhoea. You had some fish the night before and later you began to feel unwell.*)
Farmacéutico	Mire, le voy a dar estas pastillas que son muy buenas. Tome dos tres veces al día hasta que se sienta mejor. Y tenga cuidado con la alimentación. No coma nada frito.
Cliente(a)	(*Thank you. How much is it?*)
Farmacéutico	Son seis euros.

2 Your Spanish friend wants to know what the chemist told you. Refer to the dialogue above and answer his/her question. Notice the construction **hasta que se sienta mejor**, which carries a verb in the sunjunctive.

Amigo(a)	¿Cómo te fue en la farmacia?
Tú	(*Tell your friend what the chemist gave you and what he suggested.*)

3 How would you express the following in Spanish?

a He broke his leg while playing football, so he won't be able to play for some time.
b I'm not feeling well. I have a headache and I'm feverish.
c She said she wouln't be able to see me this afternoon. She has an appointment with the doctor at four o'clock.

d The doctor told me to rest and to come back in a fortnight if I'm still not feeling well.

e She phoned the office to say she's not coming to work because she's caught the flu.

f He fell and twisted his ankle. It is swollen and he says it hurts him very much.

4 To be healthy and in good shape we must have a balanced diet. The following passage gives some information about the kind of food we ought to eat. There are some missing words in it. Fill them in with words from the list. New vocabulary will be found at the end of the book.

---

huevos   músculos   alimenticia   comer   mantenimiento
leguminosas   alimentos   proteínas   productos

El hecho de ____ en exceso no quiere decir que se estén consumiendo los ____ más ricos en nutrientes. Entre los ____ que contienen mayor calidad y cantidad ____ se encuentran las carnes, pescados, aves y ____. De igual manera las ____, nueces y alegrías, que son productos sumamente ricos en ____, necesarias para la producción, ____ y reparación de los tejidos, ____, órganos, sangre, piel, cabello, etcétera.

(*Diario Excélsior, México D.F.*)

▶ **5 ¡A escuchar!**

La dieta mediterránea: Modern life is altering eating habits and diet in Spain as elsewhere in Europe. The traditional Mediterranean diet, so popular in Spain, is slowly giving way to Continental habits, and food experts are concerned at how these changes may affect people's health. In a radio talk, a specialist on food and diet referred to this point, and she also compared eating habits in different regions of Spain. Listen to the talk, if you have the recording. Otherwise, use the transcript for reading comprehension. First, familiarize yourself with these key words and phrases, then answer the questions which follow.

tierra adentro	*inland*
alimentación	*diet*
grasa (f)	*fat*
fibra (f)	*fibre*
meseta central (f)	*central plateau*
riesgo sanitario (m)	*health risk*
equilibrada	*balanced*
saludable	*healthy*
aconsejable	*advisable*
alimentario	*diet* (adjective)

a Which are the Spanish regions where the Mediterranean diet is most popular?

b Why is the health risk higher in the central plateau, and in the north and north west?

c How does the Madrid diet compare with that of other Spanish regions?

d What sort of breakfast do people in Madrid tend to have?

e Why are more and more people eating outside their homes?

f What sort of diet do people in Catalonia tend to have?

6 Four readers of a health magazine wrote to the editor seeking help with their problems. What are their problems? Read the letters and find out.

El sol y la piel blanca

Mi piel es sumamente blanca y cada vez que llega el verano me veo imposibilitada de tomar el sol con normalidad porque me pongo colorada y se me produce un ardor muy intenso. Además de eso, nunca consigo broncearme. ¿Qué puedo hacer? *Rosa Saavedra*

Problemas estomacales

Tengo 18 años y soy un gran aficionado al turismo aventura. Mi problema es que casi siempre me veo afectado por problemas estomacales que más de una vez han arruinado mis vacaciones. Esto suele ocurrir especialmente cuando viajo a zonas donde las condiciones higiénicas son precarias, y donde no siempre es posible encontrar asistencia médica. ¿Qué podría hacer para prevenir estos problemas? *Ignacio Carrera*

Problemas cardíacos

Desde hace unos meses siento palpitaciones muy fuertes en el pecho que, por lo general, se producen de día y sin una razón aparente. Estoy muy preocupada porque nunca me había pasado y además sólo tengo 32 años. ¿Qué me aconseja? *Claudia Parra*

Desmayo por exceso de trabajo

Desde hace un año tengo un trabajo que me exige mucho esfuerzo físico y psicológico. Llego a casa muy cansado y por la mañana me cuesta mucho levantarme. Hace unos días estaba trabajando en el jardín y me desmayé. Fui al médico y me dijo que no me preocupara, que simplemente tenía que aprender a relajarme. ¿Qué me sugieren ustedes? *Alejandro García*

(Adapted from *Revista Buena Salud*)

Which of the following suggestions would be appropriate for each person?

a Haz ejercicios de respiración para evitar el estrés.
b Puedes tener algún problema al corazón. Será mejor que pidas consejo a un especialista.
c Utiliza un buen bronceador que te proteja.
d No consumas alimentos crudos.
e Evita la exposición a los rayos ultravioletas, especialmente al mediodía.
f Hierve siempre el agua que vas a beber.
g Tómate unos días de vacaciones e intenta descansar los fines de semana.
h No te alarmes, pero si el problema continúa pide hora con un cardiólogo.

verse imposibilitado	*to be unable*
ponerse colorado	*to turn red*
ardor (m)	*burning*
verse afectado por	*to suffer from*
pecho (m)	*chest*
desmayarse	*to faint*

el mundo que nos rodea

In this unit you will learn:
- how to ask and give opinions
- how to agree and disagree
- how to express relationships of cause and effect
- how to offer solutions
- how to express unfulfilled conditions

▶ 1 ¿A qué se debe?

En una entrevista con una periodista española, el director gerente de una cadena de hoteles menciona el deterioro del medio ambiente como una de las causas de la disminución del turismo en España.

Periodista   Señor Riveros, desde hace un par de años se viene dando en España un cierto descenso del número de turistas que nos visitan. ¿A qué se debe, cree Vd., esta disminución?

Sr. Riveros   Pues, creo que este descenso obedece a varios factores. Por un lado está el deseo natural de la gente de conocer otros lugares. Países como Grecia, México y algunas naciones de Asia, para nombrar sólo algunos, están gastando una buena cantidad de recursos en promover sus atracciones turísticas, con resultados bastante positivos. Por otro lado, la mayor conciencia ecológica de la población europea está haciendo que ésta mire hacia lugares más naturales, con menos contaminación, y sin las grandes aglomeraciones y el deterioro que se observa en nuestras costas.

Otra causa no menos importante es la económica. La crisis por la que han atravesado algunos países ha hecho que la gente limite más sus gastos de esparcimiento y vaya en busca de lugares que les resulten más favorables económicamente. España es hoy un país caro y al turista que proviene de otros continentes no le favorece pasar sus vacaciones en nuestro país.

Periodista   Parece que se trata de una situación irreversible, ¿no cree Vd.?

Sr. Riveros   No, en eso no estoy de acuerdo. Pienso que se trata de una situación pasajera. Podría durar todavía uno o dos años más, pero creo que al final se estabilizará. Pero no nos podemos quedar de brazos cruzados. Habría que tomar medidas para mejorar algunos de los aspectos que he mencionado. Tendríamos que descontaminar nuestras playas y nuestro mar, habría que ajustar los precios de manera que España resulte más atractiva económicamente y, naturalmente, sería necesario mejorar la calidad de nuestros servicios. Si no hacemos nada, la situación difícilmente mejorará.

Periodista Da la impresión de que las autoridades no han tomado muy en serio el problema. ¿No cree Vd.?

Sr. Riveros Sí, en eso estoy absolutamente de acuerdo con Vd. A mi juicio, lo que está sucediendo en el sector turismo es también responsabilidad de las autoridades de gobierno, no sólo de los que trabajamos directamente en él.

medio ambiente (m)	*environment*
¿a qué se debe?	*what is it due to?*
cadena (f)	*chain*
se viene dando un descenso	*there has been a decrease*
obedecer a ...	*to be due to ...*
recursos (m pl)	*resources*
atravesar	*to go through*
esparcimiento (m)	*entertainment*
pasajero(a)	*passing, temporary*
con los brazos cruzados	*twiddling one's thumbs*
tomar medidas	*to adopt measures*
ajustar	*to adjust*
a mi juicio ...	*in my opinion ...*

Comprehension exercise 1

Write a summary in English of the main points in the dialogue in approximately 50 to 80 words.

▶ 2 ¿Cuál es su opinión?

Uno de los problemas que preocupa a los españoles, como a otros europeos, es el excesivo aumento del tráfico en las grandes ciudades. Ésta es la opinión de una madrileña sobre este tema.

Entrevistador Señora, buenos días. Estamos haciendo un estudio sobre los problemas del tráfico en las grandes ciudades españolas. ¿Cuál es su opinión al respecto?

Señora	¿Cómo dice? Con el ruido del tráfico no le oigo nada.
Entrevistador	He dicho que estamos realizando un estudio sobre los problemas del tráfico en las grandes ciudades y me gustaría conocer su opinion.
Señora	Pues, ¡qué quiere que le diga! Que el tráfico en Madrid es insoportable. Aquí ya no se puede vivir. Hay cada vez más coches y más ruido.
Entrevistador	¿Estaría de acuerdo Vd. en que se limitara de alguna manera el acceso de vehículos privados al centro de la ciudad?
Señora	Desde luego. Creo que se debería favorecer más al transporte público. Si se hubiera hecho antes hoy no tendríamos este problema. Madrid sería una ciudad más limpia y con menos ruido.

preocupar	*to worry*
ruido (m)	*noise*
¡qué quiere que le diga!	*what can I say!*
insoportable	*unbearable*
cada vez más	*more and more*
desde luego	*certainly*
si se hubiera hecho	*if it had been done*

Comprehension exercise 2

Answer the following questions in Spanish.

a ¿Qué opina la señora sobre el tráfico en Madrid?
b Según ella, ¿cuál sería la solución para resolver el problema del tráfico?
c ¿Cómo favorecería a Madrid esta solución?

Key sentences

Asking and giving opinions

¿Cuál es su opinión?	*What is your opinion?*
Me gustaría conocer su opinión.	*I'd like to know your opinion.*
¿No cree Vd.?	*Don't you think so?*
Creo que ...	*I think (that) ...*

Pienso que se trata de ...   *I think it is ...*
A mi juicio ...   *In my opinion ...*

Other ways of asking and giving opinions

¿Qué opina Vd.?   *What do you think?*
¿Qué le parece esto?   *What do you think of this?*
Opino que ...   *I think that ...*
Me parece que ...   *It seems to me that ...*
Considero que ...   *I consider that ...*
A mi parecer ...   *In my opinion ...*

Agreeing and disagreeing

¿Estaría Vd. de acuerdo?   *Would you agree?*
Estoy de acuerdo.   *I agree.*
No estoy de acuerdo.   *I don't agree.*

Other ways of expressing agreement and disagreement

¡De acuerdo!   *Right, O.K. all right!*
¿Vale? (familiar)   *Is that all right?, O.K.?*
¡Vale! (familiar)   *All right, O.K.!*

Expressing relationships of cause and effect

¿A qué se debe ...?   *What is it due to?*
Se debe a ...   *It is due to ...*
Obedece a ...   *It is due to ...*

Other ways of expressing relationships of cause and effect

¿Cuál es la causa/la razón/   *What is the reason for ...?*
el motivo (de) ...?
La causa/razón/el motivo es ...   *The reason is ...*

Offering solutions

Habría que (plus the infinitive) ...   *One would have to ...*
Tendríamos que (plus the   *We would have to ...*
infinitive) ...
Sería necesario (plus the   *It would be necessary to ...*
infinitive) ...

Other ways of offering solutions

La solución sería (plus the   *The solution would be to ...*
  infinitive)
Podríamos (plus the infinitive) ...   *We could ...*
Se podría (plus the infinitive) ...   *One could ...*

Expressing unfulfilled conditions

Si se hubiera hecho antes, hoy   *If it had been done before,*
  no tendríamos este problema.   *today we wouldn't have*
                                      this problem.

Grammar

1 The pluperfect subjunctive in unfulfilled conditions

The sentence: **Si se hubiera hecho antes, hoy no tendríamos este problema** *If it had been done before, today we wouldn't have this problem*, expresses an unfulfilled condition (*it was not done before*). The verb in the if-clause is in the pluperfect subjunctive (**hubiera hecho**) while the verb in the second clause is in the conditional (**tendríamos**).

Formation

The pluperfect subjunctive is formed with the imperfect subjunctive of **haber** (for the formation of the imperfect subjunctive see Unit 9) followed by a past participle (for past participles see Unit 8). Remember that the imperfect subjunctive has two alternative endings, **-ra** or **-se**. Here is an example of a verb in the pluperfect subjunctive tense.

hubiera/hubiese hablado	*I would have spoken*
hubieras/hubieses hablado	*you would have spoken* (familiar)
hubiera/hubiese hablado	*he/she/you would have spoken*
hubiéramos/hubiésemos hablado	*we would have spoken*
hubierais/hubieseis hablado	*you would have spoken* (familiar)
hubieran/hubiesen hablado	*they/you would have spoken*

2 The pluperfect subjunctive and the perfect conditional

In unfulfilled conditions, the verb in the main clause is normally in the perfect conditional, which is formed with the conditional of **haber** (see Unit 8 for the conditional tense) followed by a past participle. Here is an example:

Si se hubiera hecho algo, la situación **habría cambiado**.	*If something had been done, the situation would have changed.*

In this type of sentence, the perfect conditional may be replaced by the pluperfect subjunctive.

Si se hubiera hecho algo, la situación **hubiera cambiado**.	*If something had been done, the situation would have changed.*

Language check

Express unfulfilled conditions

Ejemplo:

Subieron los precios. Disminuyó el turismo.
Si no hubieran subido los precios, no habría disminuido el turismo.

To get the right form of the past participle, look up the verbs in your dictionary to see whether they belong to the 1st (**-ar**), 2nd (**-er**) or 3rd (**-ir**) conjugation.

a Perdí mi trabajo. No fui a España.
b No teníamos dinero. No pudimos viajar.
c Aumentaron los precios. Descendió el turismo.
d No encontraron plaza en el avión. Tuvieron que esperar otro vuelo.

Practice

1 More and more people are concerned about the environment and their health these days. Take for example, smoking or the destruction of the ozone layer to mention just two. Imagine you are being interviewed on the subject of smoking. Write the answers to these questions.

Pregunta	Son cada vez más las personas que piensan que debería prohibirse fumar en todos los lugares públicos. ¿Está Vd. de acuerdo?
Tú	*(Yes, you agree with that completely. You think people should not be allowed to smoke in public places. People who disagree with this think only*

of themselves. It is a well-known fact that many deaths are due to cigarette smoking.)

Pregunta ¿Estaría Vd. de acuerdo entonces en que se prohibiera la publicidad al tabaco?

Tú (*Certainly. Cigarette advertising should have been banned long ago. If it had been done earlier many deaths would have been avoided. It would also be necessary to educate people, especially the young, so that they don't take up smoking.*)

permitir	*to allow*
un hecho muy conocido	*a well-known fact*
muerte (f)	*death*
tabaquismo (m)	*cigarette smoking*
prohibir	*to ban*
evitar	*to avoid*
empezar a	*to take up*

2 Pollution is a serious problem in some Latin-American cities. To reduce pollution, the Chilean local authorities in Santiago have given these recommendations to the public. Read them through and then answer the questions below.

Cuando usted camina está descontaminando. Si observa las siguientes recomendaciones contribuirá aún más en la tarea de limpiar la ciudad:

- Si tiene que recorrer distancias cortas, prefiera caminar. **Sus pies no contaminan**.
- Cruce las calles sólo en las esquinas y respete la señalización. El tránsito será más expedito y menos contaminante y su seguridad personal también será mayor.
- Suba y baje de las micros en los paraderos y exhorte a los choferes y pasajeros a respetar esta norma.
- Si tiene que tomar un medio de locomoción, prefiera el Metro.
- No suba a las micros que ostensiblemente contaminan.
- Utilice la bicicleta que tampoco contamina. Respete las normas de seguridad.

recorrer	*to cover (distance)*
expedito	*clear*
micro (m f)	*bus (Chile)*
chofer (m)	*driver (Chile)*
medio de locomoción (m)	*means of transport*

a What are people advised to do when covering short distances?
b What means of transport is recommended?
c Why are people advised not to use buses?

3 The following passage considers the greenhouse effect (**el efecto invernadero**) caused partly by the destruction of the ozone layer (**la capa de ozono**). Read the passage first, then translate it into English.

EL AGUJERO DE OZONO, MÁS GRANDE

La falta de ozono es también una de las causas del llamado 'efecto invernadero', que está provocando el calentamiento de la Tierra.

'No creo que los seres humanos puedan sobrevivir sin una capa de ozono, y sin ella la cantidad de radiaciones ultravioleta que llegaría del espacio a la Tierra destruiría la mayor parte de las formas de vida tal como las conocemos', explicó el director de la división de ciencias aplicadas para la Tierra de la NASA, Shelby Tilford.

El ozono también influye sobre la temperatura de las capas superiores de la atmósfera. Sin el ozono, los patrones de lluvia cambiarían drásticamente junto a otros aspectos esenciales del clima terrestre, lo que afectaría a las cosechas agrícolas y a la vida acuática.

Los científicos informaron por primera vez acerca de la formación del agujero en la capa de ozono sobre la Antártida en 1985. El hueco ha ido agrandándose paulatinamente. Los científicos opinan que el agujero en el ozono sobre la Antártida, que aparece por esta época del año, es una clara evidencia de que la contaminación causada por el hombre está dañando la atmósfera. Si esta tendencia continúa, se puede prever una alta incidencia de los casos de cáncer en la piel, daños en las cosechas y en las aguas.

(Diario Ya, España)

"Toma... Con el sol no hay que dejar la crema"

La capa de ozono está rota y a su piel llegan rayos ultravioletas que le pueden provocar cáncer u otras enfermedades, por daño acumulativo.

Evite tomar sol entre 12 y 16 hrs., y use cremas protectoras de alto factor.

calentamiento (m)	*warming*
Tierra (f)	*Earth*
patrón (m)	*pattern*
cosecha (f)	*crop, harvest*
agujero (m)	*hole*
hueco (m)	*hole*
agrandarse	*to enlarge*
paulatinamente	*gradually*

▶ 4 ¡A escuchar!

Antonio García, leader of an action group which is fighting to reduce noise pollution in Madrid, is interviewed by a journalist. Listen to the conversation and the recorded exercises or, alternatively, study the transcript on page 208. Once you feel confident with the new material, answer the following questions:

a What is the main purpose of the organization?

b What examples of noise pollution does Antonio give?

c What comparison does he make between Madrid and other European capitals?

d How does he propose to achieve his objectives?

e Can you complete the following phrases with the missing verbs? Listen to the interview again if necessary.

   i hacer que la gente ____ conciencia

   ii que las autoridades ____ normas legales

iii que nos ____ una mejor calidad de vida
iv no nos ____ dormir por la noche
v la vida ____ insoportable
vi seguiremos ____ hasta ____ oír

conseguir	*to get, achieve*
vecinos (m pl)	*neighbours, residents*
terraza (f)	*area outside a bar or cafe*
desconsideración (f)	*lack of consideration*
insoportable	*unbearable*
bastar	*to be enough*
hacer cumplir	*to uphold, enforce*
mientras tanto	*in the meantime*

5 This passage looks at pollution in Mexico City, one of the largest cities in the world. Before you read it through, look at these key words, then answer the questions:

desmedido	*excessive*
echar humo	*to throw smoke*
combustible (m)	*fuel*
furgoneta (f)	*van*
colocado	*placed*
no es para menos	*little wonder*
peligroso	*dangerous*
atroz	*terrible*
hongo (m)	*mushroom*
plomo (m)	*lead*
alojarse	*to get into something*
aprendizaje (m)	*learning*
por encima	*above*
impedir	*to prevent, stop*

a ¿Qué significado tiene la frase 'se paga un alto precio por un desarrollo basado en echar humo como símbolo de progreso'?
b ¿Cuál es la principal causa de la contaminación en la Ciudad de México?
c ¿Por qué se aplicó el Programa de Contingencias Ambientales en febrero?
d ¿Qué es el programa *Hoy no circula*?

MÉXICO LINDO, QUERIDO Y CONTAMINADO

En la capital es casi imposible respirar. La enorme polución provoca graves enfermedades y obliga a las autoridades a tomar duras medidas para atajarla.

Guadalupe Irizar, México: La capital de México lucha desesperadamente por ser un lugar habitable. Descrita hace años por los escritores Alfonso Reyes y Carlos Fuentes como 'la región más transparente', México Distrito Federal (D.F.) es hoy una de las ciudades más pobladas del planeta – entre 15 y 20 millones de habitantes – y, quizá, la más contaminada.

Sometida a un crecimiento desmedido en las últimas décadas, la capital del país sufre ahora las consecuencias de una polución incontrolada. Paga un alto precio por un desarrollo basado en echar humo como símbolo de progreso y sufre los efectos de la centralización económica, el abandono del campo y la consiguiente inmigración desde todo el país.

La contaminación atmosférica del área metropolitana está provocada por el consumo de 27 millones de litros de combustible al día. Una cantidad que pone en marcha más de 30.000 industrias, 12.000 establecimientos de servicio, aproximadamente 2,5 millones de automóviles particulares y cerca de 170.000 vehículos de transporte público (taxis, furgonetas, microbuses, autobuses urbanos, trolebuses y

metro). Esta situación ha colocado a sus habitantes en permanente estado de alerta.

No es para menos. En el mes de febrero, los índices de contaminación por ozono alcanzaron porcentajes peligrosos durante varios días – entre 250 y 350 puntos imeca (Índice Metropolitano de Calidad del Aire) cuando el nivel satisfactorio es de 0 a 100 – índices tan dañinos que obligaron al Gobierno en tres ocasiones a aplicar el denominado Programa de Contingencias Ambientales en su primera fase. Esta fase incluye la reducción de un 30 por ciento de la actividad industrial, reducción del 50 por ciento de la circulación de vehículos oficiales, agilización del tráfico y suspensión de las tareas de asfaltado, pintura y reparación de calles.

El ozono, un gas que produce irritación en los ojos y en las vías respiratorias, no es, sin embargo, el único elemento contaminante peligroso. Para el escritor mexicano Homero Aridjis 'mucho más peligrosas y graves son las partículas suspendidas totales, sobre las que las autoridades no informan'. Es decir, las partículas fecales y metálicas (como las de plomo) que se alojan en el organismo, sobre todo en aquellas personas que permanecen en zonas industriales.

La Administración tiene asignado un presupuesto de 4.500 millones de dólares para realizar programas contra la contaminación. Se han establecido cinco líneas estratégicas para actuar. En ellas se contemplan iniciativas como organizar sistemas de educación ambiental, promocionar la participación ciudadana y llevar a cabo planes de modernización industrial.

Limitar los coches. Se plantea, asimismo, la mejora del transporte colectivo, de la calidad de los combustibles y la reducción del transporte individual. En este sentido se ha creado el programa *Hoy no circula*, que impide a los particulares utilizar su coche por la ciudad un día a la semana. También se ha iniciado un programa de restauración ambiental del valle de México.

(*Cambio 16 América, N° 1.059*)

12

ellos y ellas

In this unit you will learn:
- how to express comparisons
- how to express probability
- how to express contrasting ideas

▶1 Tan modernos como los demás

Una periodista entrevista a un hombre español sobre el tema del machismo.

Periodista   Pepe, a menudo se oye decir que el hombre español es más machista que los europeos del norte. ¿Estás de acuerdo con esta apreciación?

Pepe   Bueno, del tema del machismo se ha hablado mucho y se han escrito muchas cosas, pero fundamentalmente, creo yo, éste es un concepto que en las generaciones jóvenes tiene cada vez menos importancia. Con esto no quiero decir que el problema esté superado. Aún quedan muchas situaciones de desigualdad hombre-mujer que sería necesario resolver. Pero eso también es cierto de otras sociedades europeas.

Periodista   ¿Qué pasa dentro del hogar, por ejemplo? ¿Comparte el hombre español las labores domésticas?

Pepe   Hoy en día, creo que sí, aunque no mayoritariamente. Depende mucho de la edad de las personas y del medio social. Pero entre la gente joven no cabe duda de que ha habido un cambio de actitud. El hombre ayuda a fregar los cacharros, a hacer la compra, a cuidar de los hijos. Es lo que yo he podido observar. En eso creo que somos tan modernos como los demás.

estar superado	*to be over*
hogar (m)	*home*
machismo	*social attitudes which discriminate against women in favour of men*
labores domésticas (f)	*housework*
fregar los cacharros	*to do the washing up*
superado	*solved*

Comprehension exercise 1

Write a summary in English of about 50 to 80 words of the main ideas presented by Pepe in Dialogue 1.

▶ 2 La mujer en la sociedad española

Un periodista entrevista a una dirigente feminista española.

Periodista En su opinión, ¿cuáles han sido los cambios más importantes en lo que respecta a la situación de la mujer en la sociedad española?

Dirigente A nivel general, yo diría que el cambio fundamental ha sido el abandono, por parte de la mujer, del papel netamente pasivo que la sociedad le había asignado, y su incorporación activa a la vida económica y social del país. A nivel más específico, creo que la principal transformación se ha dado dentro del área de la educación. La mujer española se ha incorporado masivamente al sistema educativo. Más de la mitad de los estudiantes de bachillerato son de sexo femenino, y en educación superior el porcentaje de participación femenina llega casi al 50 por ciento. Sin embargo, todavía persisten diferencias en lo que respecta a la elección del tipo de estudios a seguir. La mujer aún se inclina por las profesiones consideradas tradicionalmente femeninas, mientras que en las carreras de carácter técnico se nota un claro predominio del hombre.

Periodista ¿Qué posibilidades hay de que este desequilibrio cambie en el futuro?

Dirigente Bueno, de hecho ya está cambiando, pero es necesario que se dé una orientación profesional más adecuada y que las universidades y otras instituciones de educación superior entreguen más información sobre las carreras técnicas que actualmente ofrecen. De esta manera, es probable que se llegue a un mayor equilibrio, puesto que la mujer es tan capaz como el hombre de desempeñarse en cualquier área de la ciencia o la tecnología. En el campo de la informática, por ejemplo, se viene apreciando un notable aumento del elemento femenino.

Periodista   ¿Comó ve Vd. la situación de la mujer en el campo laboral?

Dirigente   A mí me parece que aquí aún existen fuertes desajustes que es necesario rectificar. Por un lado, ha habido un crecimiento de la población activa femenina, frente a una reducción de la masculina. No obstante, el paro ha afectado más a la mujer que al hombre, con las consiguientes frustraciones para aquellas mujeres que desean trabajar, muchas de ellas jóvenes, pues no hay que olvidar que la población activa femenina es más joven que la masculina.

Periodista   ¿Qué repercusiones ha tenido en el ámbito familiar este nuevo papel que ha asumido la mujer?

Dirigente   Bueno, el cambio más importante ha sido, sin duda, el descenso de la tasa de natalidad. El número medio de hijos por mujer ha bajado ostensiblemente y probablemente seguirá descendiendo.

Periodista   Se dice que uno de los campos donde la mujer española ha tenido más dificultades para integrarse ha sido el de la política. ¿A qué se debe, cree Vd., esta situación?

Dirigente   A mi juicio, los partidos políticos, especialmente los más tradicionales, no se han preocupado lo suficiente de los problemas que afectan a la población femenina. Además, las dificultades con que la mujer se enfrenta para iniciar una carrera política son tales, que muchas desisten de hacerlo. Pero aquí también ha habido cambios trascendentales, y en los últimos años, frente a las presiones del elemento femenino dentro de los partidos, hemos visto cómo la mujer se ha venido abriendo camino y ocupando cargos de gran responsabilidad política. Probablemente, esta situación seguirá mejorando.

papel (m)	*role*
bachillerato (m)	*secondary school*
desequilibrio (m)	*imbalance*
tan capaz como ...	*as capable as ...*
desempeñarse	*to perform*
de hecho	*in fact*
informática (f)	*computer science*
desajuste (m)	*imbalance*
paro (m)	*unemployment*

consiguiente	resulting
población activa (f)	working population
en el ámbito familiar	within the family
tasa de natalidad (f)	birth rate
número medio (m)	average number
abrirse camino	to force one's way

Notice the use of the gerund after **venir** *to come*, to refer to an action which increases gradually with time:

Se **viene apreciando** un notable aumento del elemento femenino.	*A considerable increase in the number of women is being observed.*
La mujer se **ha venido abriendo** camino y **ocupando** cargos de gran responsabilidad política.	*Women are steadily forcing their way and occupying positions of great political responsibility.*

PERCEPCIÓN DE LA DISCRIMINACIÓN DE LA MUJER EN EL MUNDO DEL TRABAJO

%	Las mujeres tienen más, igual o menos oportunidades de trabajo			Las mujeres están mejor, igual o peor pagadas que los hombres		
	Más	Igual	Menos	Mejor	Igual	Peor
Sexo						
Varones	10	46	41	2	44	44
Mujeres	8	41	45	1	35	54
Edad						
De 18 a 25 años	7	46	45	1	48	45
De 26 a 40 años	9	38	50	2	35	57
De 41 a 50 años	9	48	39	1	39	54
De 51 a 60 años	10	45	39	3	38	48
Más de 60 años	8	43	36	2	38	40
Nivel de educación						
Menos de primarios	12	45	33	3	37	43
Primarios	8	45	43	2	41	49
Bachillerato	7	43	48	–	42	53
Superiores	7	32	60	3	34	58

PERCEPCIÓN DE LA DISCRIMINACIÓN DE LA MUJER EN LA EDUCACIÓN

(Las mujeres tienen más, igual o menos oportunidades de acceder a estudios universitarios)

%	Más	Igual	Menos	NS/NC	Total
Sexo					
Varones	3	79	12	6	100
Mujeres	2	74	15	9	100
Edad					
De 18 a 25 años	4	79	15	2	100
De 26 a 40 años	2	76	16	6	100
De 41 a 50 años	3	79	13	5	100
De 51 a 60 años	2	78	11	9	100
Más de 60 años	2	70	13	15	100
Nivel de educación					
Menos de primarios	2	70	13	15	100
Primarios	3	77	15	5	100
Bachillerato	2	83	12	3	100
Superiores	4	75	17	4	100

Comprehension exercise 2

Answer the following questions in English.

a What percentage of secondary school students are women?
b Which studies do women tend to choose?
c What has happened in computing with regard to the recruitment of new students?
d What contradiction does the feminist leader see when it comes to comparing the female and male working populations?
e How does the female working population compare with the male one in terms of age?
f What effect has the increase in the female workforce had on the family?

Key sentences

Expressing comparisons

La población activa femenina
es más joven que la
masculina.

*The female working
population is younger
than the male one.*

La mujer es tan capaz como
el hombre.

*Women are as capable as
men.*

Further comparisons

menos que	*less than*
en comparación con	*in comparison with, compared with*
frente a	*in comparison with, compared with*
mientras que	*whilst*

Expressing probability

Es probable/posible que se
llegue a un mayor
equilibrio.

*It is possible that a greater
balance may be reached.*

Probablemente/posiblemente
seguirá descendiendo.

*It will probably continue to
fall.*

More probability

es improbable	*it is improbable, unlikely*
es poco probable	*it is not very likely*
quizá(s), tal vez, a lo mejor	*perhaps*

Expressing contrasting ideas

El porcentaje de participación
femenina llega casi al 50%.
Sin embargo, todavía
persisten diferencias …

*The percentage of women's
participation has reached
almost 50%. However,
there are still differences …*

Ha habido un crecimiento
de la población activa
femenina, frente a una
reducción de la masculina.
No obstante, el paro ha
afectado más a la mujer
que al hombre.

*There has been an increase
in the female working
population as opposed to
a decrease in the male one.
Nevertheless,
unemployment has
affected women more
than men.*

Further reference to contrasting ideas

aunque   *although, though, even though*
a pesar de   *in spite of*
pese a   *despite*

Grammar

1 The pluperfect tense

The Spanish pluperfect tense (e.g. La sociedad le **había asignado** ...) is equivalent to the English pluperfect (e.g. Society *had assigned* to her ...). It is formed with the imperfect form of **haber** (**había, habías, había, habíamos, habíais, habían**) followed by a past participle which does not change (for the formation of past participles see Unit 8).

La sociedad le **había asignado**   *Society had assigned to her*
un papel netamente pasivo.   *a purely passive role.*

2 Comparisons

Positive comparison

La población activa femenina   *The female working*
es más joven que la masculina.   *population is younger*
                                         than the male one.

Negative comparison

La mujer hispanoamericana   *Latin American women*
es menos liberal que la   *are less liberal than*
española.   *Spanish women.*

Comparison of equality

La mujer es tan capaz como   *Women are as capable as*
el hombre.   *men.*

Language check

Translate the following sentences into Spanish.

a She said she had not been offered the job because she was not as well qualified as the rest of the applicants.

b Although she is as capable as her male colleagues and works harder than them, her salary is lower than theirs.

c He was much older than her and had been married before. He had divorced his previous wife after three years of marriage.

el puesto/trabajo	*job*
estar capacitado/a	*to be qualified*
los colegas varones	*male colleagues*
el sueldo	*salary*
divorciarse	*to divorce*
el matrimonio	*marriage*
candidato/a	*applicant*

Practice

1 Study again the interview with the feminist leader and then reconstruct this passage in which some of the words have been omitted. (The missing words are not in **Key to the exercises**. See Dialogue 2.)

Periodista En su opinión, ¿cuáles _____ sido los cambios más _____ en lo que respecta _____ la situación de la _____ en la sociedad española?

Dirigente A nivel general, yo _____, que el cambio fundamental _____ sido el abandono, por _____ de la mujer, del _____ netamente pasivo que la _____ le había asignado y _____ incorporación activa a la _____ económica y social del _____. A nivel más específico, _____ que la principal transformación _____ ha dado dentro del _____ de la educación. La _____ _____ se ha incorporado masivamente _____ sistema educativo.

▶ **2 ¡A escuchar!**

Entrevista con Teresa Morales, 27 años: Teresa Morales talks to a journalist of a Spanish magazine about her life with Paco, her husband. Listen to the interview, if you have the recording, or alternatively, read the transcript and then answer the questions which follow. First, study these key words and phrases.

¿cómo os arregláis?	*how do you manage?*
tareas del hogar (f/pl)	*housework*
limpieza (f)	*cleaning*
eludir	*to avoid*
asistenta (f)	*charwoman*
planchar	*to iron*
camino de casa	*on the way home*
guisar	*to cook*
fregar los platos	*to wash up*
labores compartidas	*shared work*
pareja (f)	*couple*
ajuste(s) (m)	*adjustment(s)*

¿Verdadero o falso?

a Teresa y Paco llevan pocos años de casados.

b La limpieza del piso la hace Teresa.

c La comida la prepara Paco.

d La asistenta friega los platos.

e Teresa y Paco no funcionan bien como pareja.

f Según Teresa, cuando vengan los hijos no habrá mayores cambios.

3 Complete these sentences with the appropriate word or phrase.

La mujer española ha avanzado enormemente en la lucha por sus derechos, (**pese a/en cambio/sin embargo**) todavía persisten situaciones de discriminación. Es así como, (**aunque/a pesar de/mientras que**) la incorporación masiva de la mujer al sistema educativo, ésta sigue inclinándose por las carreras tradicionales. En el campo laboral también ha habido grandes avances, (**no obstante/pese a/en cambio**) la mujer todavía tiene dificultades para acceder a puestos superiores. En el resto de Europa, (**en cambio/aunque/a pesar de**), el progreso ha sido más rápido, (**mientras que/pese a/aunque**) ello no significa que se haya acabado con la discriminación.

4 Carla wrote to a magazine seeking advice with a personal matter. What is Carla's problem? Read the letter and find out.

MI MARIDO NO QUIERE QUE TRABAJE

Estimada Eli:

El problema por el que te escribo es que, en siete años de matrimonio, aún no logro convencer a mi marido de que quiero trabajar. Él dice que tenemos una situación económica muy buena y que no es necesario que salga de la casa. Tenemos una hija de seis años que ya va al colegio y creo que yo podría conseguir una ocupación, al menos, de medio tiempo. Se trata de sentirme útil, ya que terminé mi carrera de ingeniería comercial y siempre soñé con realizarme en ella. Ahora no es eso lo que persigo, pero al menos hacer algo relacionado con el tema que estudié. Mi marido dice que podría hacer talleres, tomar cursos, pero creo que el problema es que él teme que yo me desarrolle profesionalmente, por miedo o celos. No sé qué hacer. ¿Cómo hacerlo entender? Carla

(Revista de El Sábado de El Mercurio, Chile)

Why do you think Carla's husband is acting the way he is? And what advice would you give her? Compare your ideas with those of the newspaper editor below and, as you do, fill in the gaps in the letter with an appropriate word from the list:

> inseguridad   cambio   actividad   sensación   horizontes
> razones   apoyo   estatus   necesidad   seria

Carla:

Da la _____ de que a tu marido le incomodaría que tú salieras a trabajar por muchas _____: posiblemente por machismo, por _____ o por celos, pero también es probable que sea por _____ social o porque piense que tu hija estará más protegida contigo en la casa.

Creo que debieras hablar en forma muy _____ con tu marido. Dile que has decidido realizar una _____ de acuerdo a lo que estudiaste y que le estás pidiendo su _____ porque es una _____ concreta que tienes. Explícale que este _____ te producirá felicidad, satisfacción, que tus _____ van a cambiar, que van a poder conversar de otros temas.

(Revista de El Sábado de El Mercurio, Santiago de Chile)

de medio tiempo	*part-time*
ingeniería comercial (f)	*economics* (L. Am.)
perseguir	*to pursue*
taller (m)	*workshop*

5 The article which follows looks at birth rate in Spain and explains why this country has the lowest birth rate in Europe.

Which of the following reasons for the decrease in birth rate are mentioned in the text? Read the article and find out.

a El Estado sanciona a las familias que tienen numerosos hijos.

b La incorporación de la mujer al trabajo.

c Los españoles confían más en la ayuda estatal.

d Las viviendas son demasiado pequeñas como para una familia numerosa.

e La transformación de las costumbres que se produjo después de la desaparición de Franco.

f El tener hijos implica obligaciones que las parejas no quieren asumir.

g La adopción de medidas para el control de la natalidad.

Cuando los hijos son caros

A sus 34 años, Mariló Corral tiene un hijo de seis y duda al pensar en tener otro. Periodista de profesión, actualmente está desempleada, lo que condiciona su deseo de dar a luz de nuevo. Sin embargo, dice que la mayoría de sus amigas tienen sólo un hijo, 'pues tener un niño es muy caro'.

Este testimonio refleja algunos de los motivos del bajo índice de fecundidad que se registra en España, y que en 2002 sólo llegó a 1,13 hijos por mujer, según cifras del Instituto Nacional de Estadística Español, y a 1,15, según datos de Eurostate (Oficina Europea de Estadísticas). Esta tasa no alcanza el 2,1 necesario para asegurar el relevo generacional, y es la más baja de Europa.

Sin embargo, la caída de la natalidad en España preocupa, pero no alarma. De hecho constituye una tendencia desde 1984.

Según el sociólogo Salvador Giner, este fenómeno se debe al

cambio cultural sufrido por España tras la muerte de Franco. Destaca la mayor confianza de los españoles en el Estado de bienestar, la revolución que significó el control de la natalidad y el ingreso de la mujer a la vida laboral.

Pensárselo dos veces
Inquieto y gracioso, Marc es el primer hijo de Rosalía Pallarés, una administrativa de 35 años. Casada hace cinco y medio, asegura que siempre quiso tener hijos, pero bajo una planificación familiar. 'Para traer niños al mundo es mejor pensárselo dos veces. No poder mantenerlos es una pena', dice.

Sin embargo, a juicio del investigador Diego Levis, detrás de las excusas económicas se esconde la incapacidad de las parejas para asumir la responsabilidad que representa criar y educar un hijo.

(*El Mercurio, Santiago de Chile*)

Read the text again and find another word or phrase meaning the following:

i   Está sin trabajo/en paro.
ii   Tener un hijo.
iii Otra vez.
iv Las razones.

v   A juicio de…
vi   Oficinista.
vii Pensarlo muy bien.
viii Es una lástima.

---

cifra (f)	*figure*
tasa (f)	*rate*
caída (f)	*fall*
natalidad (f)	*birth rate*
estado de bienestar (m)	*welfare state*
esconderse	*to hide*
criar	*to bring up*
asignación familiar (f)	*child benefit*
relevo (m)	*relay, replacement*
pareja (f)	*couple*

Young Europeans as a whole base the decision of having children on a range of other reasons. Do you agree with them? Look at the chart on the next page and compare these with the ones mentioned by the people in the article.

La decisión de tener hijos

Tener un trabajo seguro	65,1
Tener una relación estable	54,4
Darles una buena educación	44,7
Vivienda apropiada	40,7
Condiciones de trabajo flexibles	22,6
Disponer de cuidado infantil	20,3
Asignaciones familiares	12,5
No quiere tener hijos	1,8
No sabe	1,5
Otros	0,7

(*El Mercurio, Santiago de Chile*)

Unit 1

1 Imagine you are writing a letter to a Spanish correspondent. Use as a model the introductory dialogues and the passages in the **Practice** section and write between 80 and 100 words about your work and/or studies and your daily routine. In the **Key to Test Yourself** you will find a basic model passage which you may want to look at once you have prepared your own version.

2 In a job application form, Raquel wrote about some of her duties.

Complete her job description by matching each phrase on the left with an appropriate phrase on the right.

a Voy a buscar a los pasajeros   1 sobre excursiones y paseos

b Traslado a los recién llegados   2 su visita

c Les doy información   3 al aeropuerto

d Trato de solucionar   4 dos veces por semana

e Visito a los viajeros   5 algunos de sus problemas

f Intento hacer más grata   6 hasta sus hoteles

¿A qué se dedica Raquel? (Choose the right answer.)
Es azafata.
Es recepcionista en un hotel.
Es guía de turismo.

Unit 2

1 Cristina is looking for a correspondent. Read this letter and find out about her interests.

> Me llamo Cristina, tengo 18 años y vivo en Alicante. Estoy estudiando inglés y me gustaría mantener correspondencia con personas de habla inglesa, de preferencia alguien que tenga intereses similares a los míos, no importa la edad. Me gusta mucho la música, tanto la pop como la clásica. También me gustan los deportes, especialmente el tenis. Si te interesa escribirme puedes hacerlo al Apartado 341 de Alicante. *Cristina*.

Now write a similar letter saying what sort of person you would like to meet and what your main interests are.

2 You are writing a letter to a Spanish-speaking correspondent who wants to know about your hobbies and interests. Write about 100 or 150 words saying what you normally do in your spare time and the sort of leisure activities you like. You will find a model letter in the **Key to Test Yourself,** which you may compare with your own version.

Unit 3

1 A Spanish speaker sitting next to you on an aeroplane starts up a conversation. He/she seems to be very interested in what you do for a living, perhaps too much for a total stranger. These are his/her questions. Answer giving real or imaginary information.

   a ¿A qué se dedica Vd.?
   b ¿Cuánto tiempo hace que trabaja en esto?
   c ¿Cuál es su horario de trabajo?
   d ¿Le gusta lo que hace? ¿Por qué?
   e ¿Qué tal el sueldo?
   f ¿Cuántos días de vacaciones tiene al año?

2 How would each of the following people say what their occupation is and what it is they do? Look up the occupations in your dictionary if necessary, and fill in the blank spaces with an appropriate verb: fabricar, cuidar, enseñar, conducir, construir, dirigir, apagar, repartir.

... puentes

... enfermos

... incendios

... muebles

... autobuses

... una orquesta

f

... geografía

... cartas

Unit 4

1 You are applying for a job in a Spanish-speaking country and you are preparing for a preliminary interview. You will have to answer questions about your studies. These are the possible questions. How would you answer them?

a ¿Dónde hizo Vd. sus estudios secundarios?
b ¿Cuándo los empezó?
c ¿Los terminó? ¿Cuánto tiempo hace que los terminó?
d ¿Qué idiomas extranjeros habla Vd.?
e ¿Los habla correctamente?
f ¿Cuándo empezó a estudiar español?
g ¿Ha hecho Vd. estudios universitarios?
h ¿Dónde los hizo?
i ¿Qué estudios hizo?
j ¿Cuánto tiempo hace que los terminó?

idioma extranjero (m)	*foreign language*
estudios universitarios (m pl)	*university studies*

2 How would you express the following in Spanish?

a I studied two languages at school but that was a long time ago.
b I speak French quite well, but my Spanish is not very good, although I can understand it well.
c Could you tell me when the new Spanish courses start?
d Could you give me an information brochure?
e She lived in Spain for six months. That was three years ago.
f I was there too a couple of months ago, and I loved it.

Unit 5

In a letter to a Spanish-speaking friend you tell him/her about a recent holiday you had. Write a passage describing your holiday, including information about who you went with and where you went, how you travelled, how long and where you stayed, what you did during your holiday, when you came back. Tell your friend too what plans you have for your next holiday.

Unit 6

Answer these questions about yourself and then use the answers to write a letter of about 100–150 words describing the place where you live. Use as a guideline the letter written by Paco in Exercise 3 of the **Practice** section of this book.

  a ¿Con quién vives?
  b ¿Vives en una casa o en un piso/apartamento?
  c ¿Es propio(a) o alquilado(a)?
  d ¿Cómo es la casa/el piso/apartamento?
  e ¿Cuántas habitaciones tiene? ¿Cuáles son?
  f ¿Te gusta la casa/el piso/apartamento? ¿Por qué sí/no?
  g ¿Cómo es la calle donde está situado(a)?
  h ¿Cómo es el barrio?
  i ¿Hay alguna estación de metro/estación de ferrocarril/parada de autobús cerca de la casa/del piso/apartamento?
  j ¿Qué tal son los vecinos?
  k ¿Piensas continuar viviendo allí? ¿Por qué sí/no?

Unit 7

A Spanish-speaking friend is coming to visit you at home for the first time. Write a brief letter to your friend giving precise directions on how to get to your place from the airport, the nearest train or underground station or from the nearest bus stop. Use as a guideline the note in Exercise 4 of the **Practice** section and try using some of the phrases and expressions you have learnt through the unit. Don't forget you will need to use the familiar form.

Unit 8

1 Rosa had many reasons to complain about the apartment she rented. Can you match the complaints with the drawings overleaf?

  a Uno de los cristales está roto.
  b La nevera no funciona.
  c Hay una gotera en el techo.
  d El vecino hace mucho ruido.
  e La bañera está atascada.
  f Uno de los grifos está estropeado.

2 You arrive with your wife/husband in a hotel in a Spanish-speaking country after reserving a room for two weeks starting on 10th July. The hotel receptionist has a reservation for you but this is for the 15th, not the 10th. You made the reservation yourself on the telephone, but someone has made a mistake. Unfortunately there are no rooms available now, so you'll have to go somewhere else at least until the 15th. You express your indignation and demand to speak to the hotel manager in order to complain. Write the dialogue between you and the hotel receptionist. Use some of the words and phrases you learnt in the introductory dialogues. In the **Key to Test Yourself** you will find a model dialogue.

Unit 9

Write a dialogue based on this situation (see vocabulary opposite).

You are in a Spanish-speaking country and you go into a department store to buy yourself a pair of shoes.

First, ask at the information desk where the shoe department is. (It is on the third floor, on the right.)

You look around and see a pair of shoes that you like. An assistant comes up to you and asks what you want. Ask her/him whether they have those shoes in black. He/she asks what size you are. Say what size you are.

The assistant comes back and says they only have those shoes in brown. She suggests you try them on if you like them. Yes, they look nice and you decide to try them on. Say they fit well, so you will take them.

Ask if you can pay by credit card. (Yes, you can.)

la zapatería	*shoe department/shop*
un par de zapatos	*a pair of shoes*
¿qué número calza Vd?	*what size shoes do you take?*
¿por qué no se los prueba?	*why don't you try them on?*
me quedan bien	*they fit well*
en negro/marrón	*in black/brown*

Unit 10

Write a dialogue between a patient and a doctor based on this situation. Then look at the model dialogue in the **Key to Test yourself** and compare it with your own version.

Patient (yourself)

You were jogging on the beach in the morning when you fell and twisted your wrist. Fortunately it is your left arm. But it is very painful and it is a little swollen. Ask the doctor whether he thinks it's broken.

Doctor

You greet the patient and ask what's wrong. After the patient explains the problem you examine him/her. Luckily, the wrist is not broken. You tell the patient you are going to put a bandage round the wrist. Say he/she'd better not move his/her left arm. You are sure he/she will feel better within three or four days.

hacer footing	*to jog*
torcerse	*to twist*
la muñeca	*wrist*
el brazo izquierdo	*left arm*
vendar	*to bandage*

Unit 11

1 You are having a holiday in a seaside resort in a Spanish-speaking country. It is a beautiful place, but you are alarmed by the way people throw litter on the beach. You decide to write a letter to the local newspaper about this. (a) Say you are a foreign tourist and explain why you are writing; (b) say you think the authorities should show more concern about the environment and install litter bins on the beach. The beach should be cleaned everyday, because otherwise the litter is going to contaminate the sea; (c) say that if this is not done, tourists are going to stop coming and this is going to affect the economy of the town; (d) say you hope that the authorities and the public will read your letter and will do something about it.

tirar	to throw
la basura	rubbish
instalar	to install
los cubos de basura/basureros	rubbish bins
en caso contrario	otherwise
contaminar	to contaminate
dejar de venir	to stop coming
afectar la economía	to affect the economy

2 You have been asked to conduct an interview in Spanish. How would you express the following? Use the polite form.

a What's your opinion?
b I'd like to know your opinion.
c Don't you think that ...?
d What do you think of this?
e Do you agree with me?
f Would you agree?
g What is it due to?
h What's the reason?

Unit 12

How would you express the following in Spanish?

a Spanish women today are more independent and have better opportunities than before.

b Unemployment has affected women more than men. It is also higher among young people.

c Women had not occupied posts of great political responsibility.

d It is possible that this may change in the future.

e Young Spanish people are now as modern as other Europeans.

f This will probably continue to change.

key to the exercises

Unit 1

Comprehension exercise 1 a No tiene que perder el tiempo yendo de un punto a otro de la ciudad en el coche, y no tiene un horario fijo. **b** Se considera bastante disciplinado. **c** Se sienta frente al ordenador. **d** Su familia y sus amigos conocen sus hábitos y no lo llaman por la mañana, a no ser que sea para algo importante. **e** Recibe a sus amigos, escuchan música, toman unas copas y charlan. A veces van al cine o a cenar fuera. **2 a** Difícilmente puedo hablar. **b** Ya que. **c** A eso de. **d** Tardaría mucho tiempo. **e** No está nada mal. **f** Lo que pasa es que. **g** Tomar una copa. **h** De vez en cuando. **3** See Dialogue 3 for answers. **Language check 1** me despierto / me levanto / me ducho / desayuno / salgo / voy / cojo / vuelvo / almuerzo / me marcho / voy / juego / doy / me acuesto **2** trabaja / se despierta / se levanta / se ducha / desayuna / sale / va / coge / vuelve / almuerza / se marcha / va / juega / da / se acuesta **Practice 1 a** ¿A qué hora sales de casa? Normalmente salgo a las ocho y media. **b** ¿Y cómo vas al trabajo? Voy en el metro. **c** ¿A qué hora llegas a la oficina? Generalmente llego entre las nueve menos diez y las nueve. **d** ¿Y qué haces por la mañana? Pues, abro la correspondencia, la leo y la clasifico, escribo las cartas que me dicta mi jefe, recibo a los clientes de la empresa y fijo citas con el gerente, contesto el teléfono, asisto a reuniones … **e** ¿A qué hora y dónde almuerzas normalmente? Normalmente almuerzo a la una y media con algunos compañeros de trabajo en el bar de la esquina. **f** ¿A qué hora sales de la oficina? Salgo a las siete de la tarde. **g** ¿Y qué haces normalmente por la noche? Ceno, veo la televisión, escucho música, doy un paseo con mi novio. **2 a** Cinco años. **b** Trabaja en la Central Clasificadora de Correos como

operador postal. **c** Té y tostadas con mantequilla. **d** En el metro.
e Trabaja todo el día en recepción, clasificación y despacho de
los pequeños paquetes. **f** Una hora. **3 a** V. **b** F. **c** F. **d** F. **e** V. **4 a i**
Todos los días. **ii** Toma una ducha. **iii** Después. **iv** De nuevo. **v**
Hacia. **vi** A lo mejor. **vii** Vestir. **b i** He dives in the swimming
pool. **ii** He goes to the University. **iii** He returns home to eat a
light lunch. **iv** He leaves the swimming pool, takes a shower and
then he studies.

Unit 2

Comprehension exercises 1 a No la ha visto, pero le gustaría verla.
b Deciden ir al día siguiente. **c** Los fines de semana suele ir a la
sierra. **d** Se va el viernes por la tarde y regresa el domingo por la
noche. **2 a** Porque no había piscina en su barrio **b** Porque trabaja
y está casada y tiene dos hijos pequeños. **c** Cogen el coche y se van
con los chicos de paseo. **d** Le gusta pintar. **Language check** Me /
gustan / prefiero / gusta / ti / te / gustan / no / prefieres / más / A / te
/ me **Practice 1** Follow Dialogue 1. **2** Tengo muy poco tiempo.
Trabajo en una oficina de 9.00 a 5.00 y estoy casado(a) y tengo
tres hijos. Pero cuando puedo, me gusta trabajar en el jardín y
también me gusta leer. Ahora estoy leyendo una novela de García
Márquez, que me gusta mucho. Ah, también estudio español, por
supuesto. Me gusta mucho el español. / No siempre. Aunque me
gusta mucho España, es un país caro ahora, así que prefiero ir a
algún lugar más barato. / ¡Fantástico! Muchas gracias. **3 a** One is
a documentary and the other a comedy. **b** The documentary is
about the Civil War and the events that took place in Catalonia
during the Republic. The comedy is about a school teacher who
uses his hypnotic powers to impose order in his classroom. **4 a** He
recibido tu carta y me alegro mucho de que vengas a mi ciudad. **b**
Estoy seguro(a) de que te gustará mucho. **c** ¿Por qué no te quedas
en mi casa unos días? Me gustaría mucho. **d** Puedes llamarme por
teléfono para confirmar tu llegada. **5 a i** More than 80 works.
ii At the Museo Español de Arte Contemporáneo. **iii** Mexico,
Colombia, Argentina and Chile. **iv** se está realizando / podrán
apreciar / fue inaugurada por. **b i** Festival de otoño de Madrid.
ii It will include theatre, classical and contemporary dance, etc.
iii Eastern European countries. **6 a** F. **b** F. **c** V. **d** F. **e** V. **f** F.

Unit 3

Comprehension exercise 2 a Está un poco aburrida de él. **b** No
está nada mal. **c** Casi cinco años. **d** El contacto con el público.

e Enseña español a extranjeros en un instituto de idiomas. f Le gusta su trabajo, pero no el sueldo. **Language check 1 a** ¿Cuánto tiempo llevas viviendo en Londres? Llevo tres años viviendo aquí. **b** ¿Cuánto tiempo llevas estudiando inglés? Llevo dos años y medio (estudiándolo). **c** ¿Cuánto tiempo llevas jugando al fútbol? Llevo cinco años (jugando). **d** ¿Cuánto tiempo llevas tocando el piano? Llevo cuatro años (tocando). **e** ¿Cuánto tiempo llevas trabajando como camarero? Llevo seis meses (trabajando como camarero). **f** ¿Cuánto tiempo llevas haciendo yoga? Llevo tres semanas (haciendo yoga). **2 a** Hace tres años que vive… **b** Hace dos años y medio que estudia… **c** Hace cinco años que juega… **d** Hace cuatro años que toca… **e** Hace seis meses que trabaja… **f** Hace tres semanas que hace… **Practice 1** desde / como / de / trabajo / él / posibilidad / diferente / busca / lo; horario / empiezo / la / los / son / ; sueldo / gano / espero / viene; gusta / trabajo / donde / irme. **2 a** Economics or business administration. **b** Good knowledge of budget control, English and being able to use a computer. **c** Knowledge of oral and written English, minimum experience of two years, preferably in a company in the area of technology. **d** Knowledge of English, vocational training or secondary school certificate. **3** Buenos días. Llamo por el anuncio en el periódico y quisiera hablar con la señorita Toñi. / ¿Sí? / Está bien. Esperaré. / Buenos días, soy (*name*), he visto el anuncio en el periódico y quisiera más información acerca del puesto. / Sí, trabajé como vendedor(a) durante algún tiempo, aunque nunca he vendido libros. Pero estoy dispuesto(a) a aprender. Vivo en España ahora y necesito ganar algo de dinero y éste es el tipo de trabajo que busco. Me interesa mucho. / Me llamo (*name*) y vivo en (*your address*). **4** Follow model letter and change relevant information. **5** Check transcript to complete the form. (**María del Carmen Salas**) **a** ¿Podrías decirme a qué te dedicas? **b** Estoy a cargo de … **c** ¿Qué es lo que más te agrada de tu profesión? **d** El trabajo en terreno. **e** Eso es lo que más me agrada. **f** ¿Hay algo que no te guste de tu trabajo? **g** Son muy exigentes. **h** Hay que renovarse constantemente. **Javier Molina a** Hace cinco años. **b** Trabajaba en Madrid en una empresa privada. **c** Porque no ganaba lo suficiente. **d** Es un puesto seguro y para toda la vida. **e** Principalmente en dar información al público. **f** La mayoría pide información sobre hoteles y sobre sitios de interés en la región. **6 a** Finding their first job. **b** It enhances the possibilities of finding a job. **c** The rate of unemployment among university graduates is $\frac{1}{2}$ the national average, among people with higher education. **d** Languages, computing and technology in general. **e** Traditional careers such as humanities, medicine, law, biology.

f Unemployment is higher among professional women than among men.

Unit 4

¿Verdadero o falso? **a** F. **b** V. **c** F. **d** V. **e** F. **f** F. **Comprehension exercise a** Porque para profesores extranjeros de español tienen cursos especiales. **b** Cuatro semanas y dos semanas respectivamente. **c** Porque no dispone de mucho tiempo. **d** Le da un folleto informativo. **Language check 1** Me alegré / fue / hiciste / estudié / conseguí / tuve / asistí / abrió / aprendí / Tuve que / mereció. **2 a** Me / te / la **b** Lo **c** le **d** le / me / le / se / lo **e** me / se / la / le **Practice 1** Gracias. Es Vd. muy amable. / Lo aprendí en la escuela, pero también pasé seis meses en España. ¿Habla Vd. inglés? / ¿Dónde estudió francés? / Sí, hice varios años de francés en la escuela y tuve una excelente profesora. Y también voy a Francia todos los veranos. El año pasado estuve en Cannes. Me gustó mucho. **2 a** ¿Podría decirme si tienen Vds. cursos de español de verano? **b** ¿Cuándo empiezan? **c** ¿Qué niveles ofrecen? **d** ¿Cuánto cuestan? **e** ¿Y cuál es el horario? **f** ¿Pueden ayudarme a encontrar alojamiento? **3** *Dear Sir, This is to request information about the Spanish courses for foreigners which the University of Málaga is running this summer. Please send me detailed information about the dates on which they will take place, the levels which are offered, the timetable and the registration fees. I would be grateful too if you could tell me whether it would be possible to get accommodation through you with a Spanish family. I look forward to hearing from you. Yours sincerely,* **4 a** By sending the registration form, two photographs and a photocopy of the document showing that payment has been sent. **b** Certificate in Spanish Language, Diploma in Hispanic Studies. **c** With families or in apartments. **d** They are grouped according to their knowledge of the language: beginners, intermediate and advanced levels. **e** 20 hours. **f** Concerts, shows, films, visits to the main monuments in the city and excursions to other cities. **5** Muy señores míos: He visto el anuncio sobre los cursos que ofrece el Centro de Estudios Eva y estoy interesado/a en el curso de.... Les ruego que me envíen toda la información referente al curso, incluyendo la fecha en que se realiza, el valor de la inscripción, el horario y la forma de inscripción. Les agradeceré que me hagan llegar la información lo antes posible. Les saluda muy atentamente. **6 a** F. **b** V. **c** F. **d** F. **e** V. **f** F. **7 a** She used to read and write a lot. When she returned to school she discovered that the rest of the girls did not play her games (reading and writing). **b** She felt ugly, although she was in fact pretty, and she was also lonely, quiet and shy. **c** She had an unhappy childhood, full of fears and questions without answers. She was extremely sensitive and proud, which derived from a low self-esteem and by feeling very threatened and vulnerable. **d** His father bought a chemist's and went bankrupt. **e** He describes the relationship with his father as dreadful, and that with his mother's family as the Golden Age.

Unit 5

Comprehension exercise 1 a Las pasó en Cuba. **b** Estuvo allí diez días en total. **c** El hotel era excelente y estaba a cinco minutos de la playa. Tenía piscina, discoteca… **d** No, fue a través de una agencia de viajes, porque de otra manera les habría resultado muy caro. **e** Era muy maja. **f** Los viajes organizados no le gustan nada. **2 a** México. **b** un amigo mexicano. **c** en julio. **d** agosto. **e** su amigo. **f** al Oriente. **3 a** ¿Sigue lloviendo? **b** No ha parado de llover. **c** Está lloviendo a cántaros. **d** ¡Qué lástima! **e** ¡Es una pena! **f** ¡Ojalá!. **Language check** viajaremos / saldremos / llegaremos / nos quedaremos / Podrás / Estaremos / daré / harás **Practice 1** Las pasé en San Sebastián, en el norte de España. / Me gustó mucho San Sebastián. Es una ciudad muy bonita, y el hotel donde me quedé era excelente. Estaba enfrente de la playa, tenía piscina y un restaurante excelente. Y tuve mucha suerte con el tiempo. No hacía mucho calor. / Fui con unos amigos. Nos llevamos muy bien, eran gente muy maja. / No estuvimos mucho tiempo. Desgraciadamente, todos tuvimos que volver a trabajar. / Me encantaría volver, pero el próximo año espero ir a Sudamérica. Pienso viajar a Argentina y Chile. Si tengo dinero me quedaré allí un par de meses. Pienso tomar otro trabajo para pagar mis vacaciones. Y tú ¿fuiste de vacaciones a algún lugar? / ¡Qué lástima! **2 a** We're flying with Spanair. **b** It's a direct flight. **c** On a private bus. **d** By airplane. **e** Six days. **f** No, from Cancún. **3 a** Iré a Cancún y Ciudad de México. **b** Primero visitaré Cancún. **c** Me quedaré dos semanas. **d** No, me quedaré en hoteles. **4** Mexico D.F. The capital of Mexico, surrounded by mountains, is situated in a valley at an altitude of 2,240 metres. It has a rich cultural and artistic life, and it is the intellectual centre of all Spanish America. Here you will find historical places such as el Zócalo, the National Palace, the Metropolitan Cathedral, the Aztec capital of Tenochtitlán and the world famous National Museum of Anthropology. This city, of 21 million inhabitants, is a mixture of the past and the present. It is a modern city, with wide avenues and lively squares, elegant districts, popular markets, futuristic buildings, colonial houses and barroque churches. As is customary, Club Vacaciones offers you excellent hotels at very good value. In the evenings you will be able to eat out in traditional restaurants and taste the local cuisine while you enjoy the music of the mariachis. Then you can go for a walk in plaza Garibaldi and drink a tequila while you listen to the bands which compete with each other. **5 a** No. **b** It will be misty and later on it will be hazy. **c** It will be misty and in the afternoon it will be cloudy. **d** Pollution will be relatively low. **e** 8.36 pm. **6 a** Estará nublado y habrá lloviznas. **b** La mínima probable será de 11 grados y la máxima de 23. **c** La mínima fue de 13,1 a las 8.00 de la mañana y la máxima de 26,8 a las 15.30. **d** Habrá nubosidad parcial, variando a despejado. **e** 14,7 grados. **7 a** joven, mayor. **b** poder, adinerados. **c** rurales, ciudades. **d** habitantes, viajeros. **e** viaje, extranjero. **8 a** La mayoría prefiere el viaje organizado, pero con cierto grado de flexibilidad. **b** Prefieren visitar monumentos, museos, parques naturales.

Unit 6

Comprehension exercise a Una habitación con una cama de matrimonio y dos camas individuales. **b** Para el 24 de agosto y para siete noches. **c** 80 euros. **d** Está incluido. **¿Verdadero o falso? a** F. **b** F. **c** F. **d** V. **e** V. **Language check 1** está, es, está, es, son, será, está **2** para, para, para, para, para, por, para, por, por, por **3 a** sea, **b** esté, **c** es, **d** tenga, **e** vaya, **f** llama **Practice 2** Llamo por el anuncio en el periódico. / Eso es. Busco algo para alquilar. ¿Podría darme más información sobre el apartamento? / Necesito algo que esté disponible inmediatamente. / Pues, también busco algo que no sea demasiado caro. ¿Cuánto es el alquiler mensual? / Gracias. Eso es demasiado para mí. **3 a** Vive con sus padres y sus dos hermanos menores. **b** Es grande y muy antiguo. **c** Es muy bonito, es del siglo pasado y está muy bien conservado. **d** Tiene siete habitaciones en total. **e** No, tiene su propia habitación. **f** Es una calle muy ruidosa, pero con una arquitectura interesante. **g** En la esquina. **h** Porque alquilar un piso cuesta una fortuna. **4 a** 'Pablo se va a mudar este fin de semana a un piso estupendo a sólo quince minutos de la Plaza Mayor. Es un piso de tres habitaciones y tiene vistas al río. Va a compartirlo con dos amigos y van a pagar setecientos ochenta euros mensuales en total.' **b i** V. **ii** F. **iii** F. **iv** V. **5** The economic situation and unemployment prevents them from leaving their homes. **a** Vive con su madre. **b** Dejan el hogar cuando aún son muy jóvenes. **c** Nos llevamos perfectamente. **d** No tienes que hacer nada. **e** La casa donde nació **f** Muchos piensan así. **g** Todavía viven con sus padres. **h** El deseo de independencia se ha obstaculizado.

Unit 7

¿Verdadero o falso? **a** V. **b** F. **c** F. **Comprehension exercise 1** **a** 2.30 **b** 20 minutos **c** 2.50. **2** ... *right and go as far as* Plaza Antón Martín *which is 100 metres from here. There we take* calle de León *on the left and continue as far as* calle Lope de Vega. *We have to go straight on along* Lope de Vega *until we reach* Paseo del Prado. *The museum is on the other side of the* Paseo. **3 a** en tren o en autocar. **b** la estación de Atocha. **c** la estación Sur. **d** cada hora, a la hora. **e** siete de la mañana. **f** 11.00 p.m. **Language check** coge / bájate / cruza / sube / sube / sigue **Practice 1** Bien, gracias, ¿y Vd.? / Coja la línea 2 en dirección a Ventas. / Sí, va directo, / Coja la línea 4 en dirección a Esperanza y bájese en América. Allí cambie a la línea 1 en dirección a Castilla. Esa línea le llevará a Colombia. / Voy a ir al Museo del Prado y después almorzaré con un amigo español. / ¡Por qué no! Volveré al hotel sobre las 7.00. **2** Model dialogues: **a** A: ¿Podría decirme por dónde se va al Banco Central? B: Sí, mire, siga Vd. todo recto por la calle Juan Bravo hasta General Pardiñas y allí doble a la derecha. El Banco Central está a una calle de allí, en la esquina de Ortega y Gasset, al lado de la Oficina de Turismo. **b** A: Perdone, ¿puede decirme dónde está el Hotel Plaza? B: Sí, siga Vd. por la calle de Serrano hasta Ortega y Gasset y allí doble a la izquierda. Suba por Ortega y Gasset. El Hotel Plaza está en la Plaza del Marqués de Salamanca, entre Velázquez y Príncipe de Vergara. **3** salir / doble / vaya / más / tome / dirección / bájese / está / cuadras / dirección / doble / siga / hasta / esquina. **4** Le / decirle / tiene que buscar / coja / bájese / cruce / siga / verá / su derecha / siga / tuerza / se pierda. **5** Model dialogue: A: Buenas tardes, quisiera viajar a París. ¿Podría decirme qué trenes hay? B: Hay un tren que sale a las 18.15 y otro que sale a las 19.35. A: ¿Y cuánto tiempo tardan? B: El que sale a las 18.15 tarda aproximadamente 16 horas. A: ¿A qué hora llega a París? B: Llega a París a las 10.30 de la mañana. A: ¿Y el de las 19.35? B: Ese tarda 13 horas. Llega a París a las 8.30. A: ¿Hay que hacer transbordo? B: Si viaja en el de las 18.15 tiene que transbordar en Hendaya, el otro va directo. A: ¿Cuánto cuesta el billete en el de las 19.35? B: Cuesta ... euros. A: ¿Puedo comprarlo aquí mismo? B: No, tiene que ir a una de las ventanillas que están enfrente. **6 a** To go to the airport, you must go straight on as far as the second traffic light, there you have to turn left and continue along that street till the end. There you'll find the main road. To go to the airport you have to turn right. **b** The tourist office is far from here, but you can go on the metro. Take line 1 to La Unión station. On leaving the station you'll see the Museum of Modern Art. The tourist office is behind the museum, on calle Libertad. **7 a** viaja / viajar, elige / elegir, pide / pedir, no dudes / dudar, haz / hacer, contrata / contratar, aprovecha / aprovechar, ten / tener. **b** acceder, planear, listado, por separado, la tarifa global, con soltura.

Unit 8

Comprehension exercises 1 a ¿Dígame? **b** aún **c** inmediatamente **d** urgentemente **e** lamentablemente **f** sobre **g** llamar por teléfono **h** ocurrir **2** espere (esperar) / marque (marcar) / pase (pasar) **3** Correos / muestras / recomienda / postal / urgencia / ventaja / certificado / entrega / caro / conviene **4 a** Lo alquilaron en Manchester. **b** La hicieron para el día catorce. **c** La hizo el Sr. Brown. **d** La tenía para el día quince. **e** Porque no tienen ningún coche disponible. **f** Les aconsejan que hablen con el encargado. **Language check 1** ha llamado / han llegado / han reservado / he ido / he dejado / ha invitado. **2 a** la transferencia llegaría mañana. **b** tardaría una semana. **c** la carta estaría allí el lunes. **d** nos entregarían el coche esta tarde. **e** me repararía el coche ahora mismo. **f** me llamaría por teléfono esta noche. **Practice 1** Model dialogue: **A:** Buenas tardes. He escrito a mi banco en Inglaterra pidiéndoles que me transfieran dinero a mi cuenta corriente en este banco. Quisiera saber si ha llegado la transferencia. Esta es la tercera vez que vengo. **B:** Un momento, por favor… Mire, lo siento, pero su transferencia aún no ha llegado. **A:** ¡Esto es el colmo! **B:** Lo siento mucho. Le aconsejo que escriba a su banco para averiguar lo que ha pasado. **A:** Pero si yo estoy seguro(a) de que el dinero ha sido enviado. Mi padre me telefoneó y me dijo que recibiría el dinero en 48 horas. No quiero perder más el tiempo. Exijo hablar con el director del banco para hacer una reclamación. ¡Esto es el colmo de la incompetencia! **2** Primero pon varias monedas de (una libra) en la ranura, enseguida levanta el auricular y espera el tono de marcar. Marca el 00 y después el 343, seguido del número de tus padres. Las monedas caerán cuando se establezca la comunicación. **3** *At the Banco Popular Español you will always find a friend to advise you about: How to buy a car, a house or* *an apartment. How to sell it and send home the capital and capital gains. / How to let your apartment or house. / How to bring in to the country your motorboat, your car, your furniture and your pets. / How to insure your flat or house against burglary, fire, flooding. / What to do in case of illness and other health and family matters.* 4 a i A service for you to express your opinions and complaints. ii You have to dial phone 31 45 45. It is an automatic answer-phone which operates 24 hours a day. b i in a hotel. A guest complains about the delay in bringing clean towels to her room ii in a garage. A customer complains to the person in charge about the state of his car. iii in a restaurant. A customer complains about the delay in bringing their order. 5 **Model answers 1** El primer lector se queja de las molestias que le causó una línea aérea por la sobreventa de billetes, la que le impidió a él y su mujer realizar el viaje que tenían planeado. **2** La segunda persona se queja sobre la utilización del inglés en lugar del español en las indicaciones en un hotel en Ibiza, donde pasó sus vacaciones. **a** ya que. **b** insólito. **c** nos quejamos. **d** iniciar. **e** indignación. **f** descortés. **g** nunca lo había experimentado. **h** una suerte de.

Unit 9

Comprehension exercises 1 tienda / bolso / cumpleaños / oferta / guste / llevar / tarjeta de crédito / envuelva. **¿Verdadero o falso?** a F. b F. c V. d F. **2 a** La imagen no se ve muy bien. **b** Lo va a revisar y le dará un presupuesto al cliente por la reparación. **c** Necesita la aprobación del cliente. **Language check 1 a** Si tuviera vacaciones viajaría a España. **b** Si el coche no estuviera en mal estado lo compraría. **c** Si mereciera la pena lo haríamos reparar. **d** Si no tuvieran que volver al trabajo se quedarían. **e** Si no estuviera ocupado los recibiría. **f** Si él hablara bien español ella le entendería. **2 a** Tuve que vender el piso. **b** Tenía que decirte algo importante. **c** No hay nada que hacer. **d** Debo llevar el pasaporte. **e** Necesitaba comprar una maleta. **f** Habrá que traer algo para beber. **Practice 1** Quisiera un par de pantalones. / Sí, son para mí. / Sí, me gustan mucho. ¿Los tiene en negro?. / Talla cuarenta y seis. / Quisiera probármelos. / Me quedan bien. ¿Cuánto cuestan?. / Son un poco caros, pero me gustan. Me los quedo. ¿Puedo pagar con tarjeta de crédito? **2** Quisiera unas tazas y platillos que vi anoche en el escaparate. / Eran de cerámica, de color verde y tenían una banda de color amarillo. / No, no tenían asa. / ¡Qué lástima! **3** *Dear Pat, What a surprise to hear from you again! I'm glad you're well and I* *hope you do very well in your final exams. Thank you very much for your invitation for this summer, but unfortunately I don't have enough money to travel. If I could I would certainly come and see you. You don't know how much I'd like it! Next year perhaps, but I'll have to work very hard to save money as the trip is very expensive. You will have to come to Venezuela too some day. I don't need to invite you formally. I'll be waiting for you. Love Raúl.* 4 a Luis. b Raquel. c Ana. d Raquel. e Ana. f Luis. i Luis. ii Ana. iii Luis. iv Raquel. v Ana. 5 a i Cuando necesita algo con urgencia. ii Cuando necesita varias cosas, porque pierde menos tiempo, hay más variedad, y no resulta más caro. iii En el supermercado. b i F. ii V. iii F. c i Check words in script of ¡A escuchar! on page 206. ii *No, that is done by his wife. Sometimes he accompanies her, but normally he hasn't got time. They have a small supermarket in the area where they buy almost everything. Except for fruit and vegetables, which are bought in the market. It is cheaper and fresher.* 6 *Tourist Apartments – The following services are included in the price of accommodation: water, electricity and gas, rubbish collection and service charges. / When making your reservation, you may be asked to pay a deposit of 15 to 40 per cent of the total price agreed. / If you decide to cancel your reservation, you are entitled to a refund of the deposit, minus a deduction of five to 50 per cent, depending on how much notice is given. If the cancellation is made less than seven days in advance, there is no refund.* 7 a lista. b vacío. c tentación. d precio. e estantes. f vergüenza. g bolsillo. h gastos. i en oferta. ii alimentos. iii dependiente. iv presupuesto. v cajero(a). vi pareja. vii almacén.

Unit 10

Comprehension exercises 1 jugando / cayó / tobillo / dolía / hinchado / médico / por suerte / vendó / moviera / dolor **2** sentirse / encontrarse; sentir / lamentar; pasarse / acabarse; romper / quebrar; tratar / intentar; volver / regresar; de aquí a / dentro de. **Language check 1 a** Estaba corriendo. **b** Estábamos subiendo las escaleras. **c** Estaban bebiendo. **d** Estaba trabajando. **2 a** Me dijo que volviera mañana. **b** Me aconsejó que descansara un poco. **c** Nos recomendó que no fumáramos mucho. **d** El doctor quiere que haga más ejercicio. **Practice 1** Quisiera algo para el dolor de estómago. / Sí, también tengo diarrea. Comí pescado anoche y después empecé a sentirme mal. / Gracias. ¿Cuánto es? **2** Me dio unas pastillas. Me dijo que tomara dos tres veces al día hasta que me sintiera mejor. También me aconsejó que tuviera cuidado con la alimentación y que no comiera nada frito. **3 a** Se quebró la pierna mientras jugaba / estaba jugando al fútbol, así que / de manera que no podrá jugar durante algún tiempo. **b** No me siento / encuentro bien. Tengo dolor de cabeza / Me duele la cabeza y tengo fiebre. **c** Dijo que no podría verme esta tarde. Tiene hora con el doctor a las cuatro. **d** El doctor me dijo que descansara y que volviera de aquí a / dentro de quince días si aún / todavía no me siento bien. **e** Llamó por teléfono a la oficina para decir que no va a venir a trabajar porque ha cogido una / tiene (la) gripe. **f** Se cayó y se torció el tobillo. Está hinchado y dice que le duele mucho. **4** comer / alimentos / productos / alimenticia / huevos / leguminosas / proteínas / mantenimiento / músculos **5 a** In Andalusia and Levante. **b** Because the diet in these regions includes an excessive amount of proteins, animal fats and sugar. **c** In Madrid, the diet is balanced and healthy, better than in the capitals of other Spanish communities. **d** Breakfasts are light. **e** Because of their work. **f** The diet in Catalonia includes an excessive amount of proteins, fats and not many carbohydrates. **6** Rosa's skin is too white and she easily gets sunburned. Ignacio suffers from stomach upsets when on holiday. Claudia suffers from palpitations. Alejandro is working too hard and he fainted while working in the garden. Rosa, **c** and **e**. Ignacio, **d** and **f**. Claudia, **b** and **h**. Alejandro, **a** and **g**.

Unit 11

Comprehension exercises 1 Model summary: Señor Riveros thinks that the decrease in the number of tourists coming to Spain is due to several factors: people wish to see other places, and other countries are also promoting their tourist attractions; people have also become more aware of the environment and therefore they are looking for places which are less contaminated and less crowded; the economic crisis which has affected some countries has also led to a decline in tourism. Spain has become an expensive country and people are looking for cheaper places. **2 a** Piensa que el tráfico en Madrid es insoportable. **b** Ella cree que se debería favorecer más al transporte público. **c** Madrid sería una ciudad más limpia y con menos ruido. **Language check a** Si no hubiera perdido mi trabajo habría / hubiera ido a España. **b** Si hubiéramos tenido dinero habríamos / hubiéramos podido viajar. **c** Si no hubieran aumentado los precios no habría / hubiera descendido el turismo. **d** Si hubieran encontrado plaza en el avión no habrían / hubieran tenido que esperar otro vuelo. **Practice 1** Sí, estoy totalmente de acuerdo con eso. No debería permitirse que la gente fume en lugares públicos. Es un hecho muy conocido que muchas muertes se deben al tabaquismo. / Por supuesto. La publicidad al tabaco debería haberse prohibido hace mucho tiempo. Si se hubiera hecho antes se habrían evitado muchas muertes. También sería necesario educar a la gente, especialmente a los jóvenes para que no empiecen a fumar. **2 a** They are advised to walk. **b** The underground rail system (the **metro**). **c** Because buses cause pollution. **3** *The hole in the ozone layer, it's getting bigger! The disappearance of ozone is also one of the causes of, what is called, the 'greenhouse effect', which is stimulating the warming of the Earth. / 'I do not believe that the human species can survive without an ozone layer, without which the levels of ultraviolet radiation reaching Earth from space would destroy the majority of life forms as we know them,' explained the director of the division of applied Earth sciences at NASA, Shelby Tilford. / Ozone also influences the temperature of the higher atmospheric layers. Without the ozone, a drastically changed weather pattern which is linked to other essential aspects of the Earth's climate, would affect crops and sea life. / Scientists first observed a hole forming in the ozone layer over Antarctica in 1985. The aperture has gradually grown. Scientific opinion is that the hole in the ozone layer, which appears over Antarctica at this time of year, is clear proof that pollution created by man is damaging the atmosphere. If this trend continues, they foresee an increase in the rate of cases of skin cancer, damage to crops and oceans.* **4 a** Its main purpose is to make people aware of the problems caused by noise pollution, and to get the authorities to establish legal rules which can give us a better quality of life. **b** Other than traffic noise, he mentions problems caused by neighbours who, with their radio and television too loud, bother other people. And bar and disco owners who, with their music at full volume, disturb people's sleep. **c** He says there is a lack of consideration which is not seen in other European capitals. **d** By establishing prohibitions and enforcing them by means of legislation. **e i** tome. **ii** establezcan. **iii** den. **iv** dejan. **v** se ha hecho **vi** protestando / hacernos. **5 a** Significa que la base del desarrollo y del progreso económico ha sido la creación de industrias en la Ciudad de México. **b** La principal causa es el combustible que consumen las industrias y los vehículos. **c** Porque la contaminación alcanzó niveles peligrosos durante varios días. **d** Este programa prohíbe a los particulares utilizar su coche por la ciudad un día a la semana.

Unit 12

Comprehension exercises 1 Pepe thinks that machismo is less prevalent in the younger generations, although there are, in his opinion, many problems of inequality between men and women which would be necessary to solve. But this is also true of other European societies. To what extent men share housework with women, depends on people's age and their social background, but generally speaking, Spanish men nowadays tend to share housework with women. **2 a** More than half of secondary school pupils are women. **b** Women tend to choose studies which traditionally have been considered as appropriate for women. **c** There has been a notorious increase in the number of women. **d** On the one hand, there has been an increase in the female work force and a decrease in the male work force. However, unemployment has affected women more than men. **e** The female working population is younger than the male one. **f** The average number of children per woman has gone down. **Language check a** Ella dijo que no le habían ofrecido el puesto porque no estaba tan capacitada como el resto de los candidatos. **b** Aunque ella es tan capaz como sus colegas varones y trabaja más que ellos, su sueldo es más bajo que el de ellos. **c** Él era mayor que ella y había estado casado antes. Se había divorciado de su esposa anterior después de tres años de matrimonio. **Practice 2 a** F. **b** F. **c** V. **d** F. **e** F. **f** V. **3** sin embargo / a pesar de / no obstante / en cambio / aunque **4** Carla's husband does not want her to go to work. / sensación, razones, inseguridad, estatus, seria, actividad, apoyo, necesidad, cambio, horizontes. **5** b, c, e, f, g. **i** Está desempleada. **ii** Dar a luz. **iii** De nuevo. **iv** Los motivos. **v** Según. **vi** Administrativa. **vii** Pensárselo dos veces. **viii** Es una pena.

key to 'test yourself'

Unit 1

1 Me llamo (*name*), soy (*occupation*) *or* trabajo como (*occupation*) en (*place of work*). Mi horario de trabajo es de 9.00 de la mañana a 5.00 de la tarde. Por lo general me levanto a las 7.00, desayuno y despúes cojo el autobús para ir a la oficina. Por la mañana trabajo de 9.00 a 1.00. A la 1.00 suelo comer en la cafetería de la oficina con mis colegas. Tengo una hora para almorzar. A las cinco vuelvo a casa donde suelo charlar con mi mujer/marido. Normalmente vemos la televisión, leemos el periódico y a las 8.00 cenamos. Nos acostamos a eso de las 11.00. **2 a**–3, **b**–6, **c**–1, **d**–5, **e**–4, **f**–2. Guía de turismo.

Unit 2

2 Querido Agustín: Me alegré mucho de recibir carta tuya nuevamente y he encontrado muy interesante lo que me cuentas sobre tus actividades. La verdad es que yo no dispongo de mucho tiempo libre, ya que con mis estudios y mi trabajo estoy muy ocupado(a), pero cuando no tengo otra cosa que hacer me gusta ir al cine. Aquí ponen películas estupendas y voy al cine por lo menos una vez por semana. Como tengo vídeo en casa, a veces alquilo alguna película en un club que hay en mi barrio. En cuanto a deportes, me gusta el tenis. A pocos minutos de mi casa hay un club donde suelo jugar con mis amigos. Me gusta leer también, aunque no suelo leer mucho por falta de tiempo. Prefiero las novelas, aunque también me interesan las biografías …

Unit 3

a Trabajo en... (*occupation*) or soy... (*occupation*). b Desde hace (un mes, dos años, etc.) c Trabajo de (9.00) a (5.00) or Empiezo a las (9.00) y termino a las (5.00). d Sí, me gusta (mucho) porque (*reason*) or No me gusta porque (*reason*). e No está mal or No gano mucho or No nos pagan muy bien. f Tengo (tres semanas) de vacaciones. 2 a Soy ingeniero. Construyo... b Soy enfermera. Cuido... c Soy bombero. Apago.... d Soy carpintero. Fabrico... e Soy conductora. Conduzco... f Soy director. Dirijo... g Soy profesora/catedrática. Enseño... h Soy cartera. Reparto...

Unit 4

a Los hice en... (*place*). b Los empecé en (*year*). c Aún no los he terminado or Los terminé en... (*year*). d Hablo... (*languages you speak*). e Los hablo bien or El francés/el español lo hablo bastante bien or No los hablo muy bien. f Empecé en... (*month and/or year*). g (No) he hecho estudios universitarios. h Los hice en... (*university and/or town*). i Estudié... (*subject*). j Los terminé hace ... (e.g. un año). 2 a Estudié dos idiomas en la escuela, pero eso fue hace mucho tiempo. b Hablo francés bastante bien, pero mi español no es muy bueno, aunque lo entiendo bien. c ¿Podría decirme cuándo empiezan los nuevos cursos de español? d ¿Podría darme un folleto informativo? e Vivió en España durante seis meses. Eso fue hace tres años. f Yo también estuve allí hace dos meses, y me encantó.

Unit 5

Model: Este verano fui a Tenerife, en las islas Canarias. Fui solo(a) y viajé en avión, en un vuelo directo de Londres a Tenerife. Me quedé en el Hotel Mar Azul y estuve allí quince días. Lo pasé estupendamente. Fui a la playa todos los días y por la noche salí a una discoteca con unos amigos. Leí bastante y descansé mucho. Volví hace sólo dos días. Aún no sé lo que haré en mis próximas vacaciones. Quizá vaya a Italia.

Unit 6

Possible answers: a Vivo con (mi familia). b Vivo en (una casa). c Es (propia). d No es ni grande ni pequeña, es antigua, pero muy cómoda. e Tiene 5 habitaciones, la sala de estar, el comedor y tres dormitorios, aparte del baño y la cocina. f Me gusta porque es agradable y cómoda. **g** La calle es muy tranquila. **h** El barrio es bastante bueno, es residencial. **i** La estación de… está a diez minutos de la casa. **j** Los vecinos son bastante simpáticos y amistosos. **k** Pienso continuar viviendo allí, porque me gusta el barrio y la casa y no tengo suficiente dinero para comprar una casa mejor.

Unit 7

Use note in Exercise 4 as a guideline and refer to the introductory dialogues and other relevant sections of the unit.

Unit 8

a–5, b–3, c–1, d–6, e–4, f–2. **2** Model dialogue: **A:** Buenos días. Tenemos una habitación reservada a nombre de … (*name*). **B:** Perdone, pero su reserva es a partir del 15 y hoy es 10. **A:** Pues, estoy seguro de que era para el 10. Yo mismo hice la reserva. **B:** Lo siento mucho, alguien debe de haber cometido un error. Lamentablemente no tenemos ninguna habitación disponible en este momento. Tendrán que ir a otro hotel, al menos hasta el día 15. **A:** ¡Esto no puede ser! Es la primera vez que me sucede una cosa así. Quiero hablar con el gerente ahora mismo para hacer una reclamación.

Unit 9

Model dialogue: **A:** ¿Podría decirme dónde está la zapatería, por favor? **B:** Está en el tercer piso a la derecha. **A:** Gracias (*En la zapatería*) **C:** ¿Qué desea? **A:** ¿Tiene esos zapatos en color negro? **C:** ¿Qué número calza Vd.? **A:** Cuarenta. **C:** Un momento, por favor … Lo siento, pero sólo los tenemos en marrón. ¿Por qué no se los prueba si le gustan? **A:** Sí, son bonitos. Me los voy a probar … Sí, me quedan bien. Me los quedo. **A:** ¿Puedo pagar con tarjeta de crédito? **C:** Sí, por supuesto.

Unit 10

Model dialogue: **A:** Buenos días, doctor. **B:** Buenos días. ¿Qué le pasa? **A:** Esta mañana estaba haciendo footing en la playa y me caí y me torcí la muñeca. Por suerte es el brazo izquierdo, pero me duele mucho y está un poco hinchado. ¿Cree Vd. que esté roto? **B:** Déjeme ver el brazo … No, afortunadamente no está quebrado. Le pondré una venda alrededor de la muñeca. Y es mejor que no mueva el brazo izquierdo. Estoy seguro de que dentro de tres o cuatro días se sentirá mejor.

Unit 11

Model letter: Señor Director: Soy un turista extranjero y escribo a su periódico para quejarme de la forma como la gente tira basura en la playa. Creo que las autoridades deberían mostrar más preocupación por el medio ambiente e instalar en la playa cubos de basura. La playa debería limpiarse cada día, ya que de otra manera la basura va a contaminar el mar. Si esto no se hace, los turistas dejarán de venir, lo cual afectará la economía de la ciudad. Espero que las autoridades y el público en general lean esta carta y hagan algo al respecto. **2 a** ¿Cuál es su opinión?/¿Qué opina Vd.? **b** Me gustaría conocer su opinión **c** ¿No cree Vd. que ...? **d** ¿Qué le parece esto? **e** ¿Está Vd. de acuerdo conmigo? **f** ¿Estaría Vd. de acuerdo? **g** ¿A qué se debe? **h** ¿Cuál es la causa/razón/el motivo?

Unit 12

a Las mujeres españolas son hoy más independientes y tienen mejores oportunidades que antes. **b** El paro ha afectado más a las mujeres que a los hombres. Es también más alto/superior entre la gente joven/los jóvenes. **c** Las mujeres no habían ocupado cargos/puestos de gran responsabilidad política. **d** Es posible que esto pueda cambiar en el futuro. **e** Los jóvenes españoles son ahora tan modernos como otros europeos. **f** Probablemente esto seguirá/continuará cambiando.

Unit 1

Antonio   Hola, Pilar. ¿Cómo estás?

Pilar   Muy bien, ¿y tú?

Antonio   Bien, gracias. Ayer vi a María y me dijo que ya habías encontrado trabajo. Me alegro mucho. Estarás muy contenta, ¿no?

Pilar   Por supuesto. Estoy trabajando en un colegio cerca de casa. Es un colegio muy bueno, pero hay que trabajar muchísimo. Empiezo a las ocho de la mañana y no salgo hasta la una.

Antonio   Te levantas muy temprano, entonces.

Pilar   A las siete de la mañana. Por suerte está muy cerca de casa, y en quince minutos estoy allí.

Antonio   ¿Y por la tarde no trabajas?

Pilar   Por ahora no, pero con lo del colegio tengo bastante que hacer. Por la tarde preparo las clases, a veces tengo reuniones con los padres o con otros profesores. ¡En fin! Me falta tiempo para hacer todo lo que quisiera. Pero tenemos que vernos uno de estos días.

Antonio   Sí, por supuesto. No trabajas los sábados, ¿verdad?

Pilar   No, los sábados estoy libre.

Antonio   Bueno, ¿por qué no me acompañas a comprar un regalo el sábado por la mañana? Mi hermana está de cumpleaños y no sé qué regalarle.

Pilar   De acuerdo. ¿A qué hora?

Antonio   ¿A las once te parece bien?

Pilar   Sí, está bien.

Antonio	Bueno, pasaré a buscarte a esa hora. Hasta el sábado, entonces.
Pilar	¡Chao!

Unit 2

Gran asistencia de público ha tenido la exposición de arte latinoamericano que se está realizando en Madrid, en el Museo Español de Arte Contemporáneo. Los asistentes podrán apreciar más de ochenta obras de los más connotados pintores iberoamericanos, provenientes de los principales países de la región, entre ellos México, Colombia, Argentina y Chile. La exposición, que fue inaugurada por la Reina Sofía, ha contado también con la presencia de importantes personajes del mundo artístico, tanto español como iberoamericano.

El viernes 25 se dará comienzo a un nuevo ciclo del Festival de Otoño de Madrid, que incluirá teatro, danza clásica y contemporánea, música clásica, y otras actividades, tales como cine, conferencias, coloquios y exposiciones. El Festival de este año dedicará una especial atención a los países de Europa del Este, en cada uno de los campos artísticos, en especial la danza y la música.

Este acontecimiento cultural servirá para mostrar aquellos espectáculos y creaciones que no se pueden contemplar habitualmente en los escenarios madrileños.

Unit 3

María del Carmen Salas

Periodista	¿Cómo te llamas?
M. del Carmen	Me llamo María del Carmen Salas.
Periodista	¿Cuántos años tienes?
M. del Carmen	Tengo 38 años.
Periodista	¿Podrías decirme a qué te dedicas?
M. del Carmen	Soy periodista. Trabajo en la revista *Claudia*. Es una revista femenina que se publica en Madrid una vez por semana.
Periodista	¿Tienes alguna responsabilidad especial dentro de la revista?
M. del Carmen	Bueno, la revista tiene varias secciones especializadas y yo estoy a cargo de la sección Salud. Escribo artículos relacionados con el tema

de la salud, que sean de especial interés para la mujer. Además, realizo entrevistas con médicos y otros profesionales que tengan que ver con el tema.

Periodista ¿Qué es lo que más te agrada de tu profesión?

M. del Carmen Pues, principalmente el contacto con la gente, el trabajo en terreno, salir a hacer entrevistas, también el contacto con las lectoras a través de correspondencia. Creo que eso es lo que más me agrada. Además, ésta es una actividad muy creativa, hay que saber usar la imaginación y hacer cosas diferentes para satisfacer a la mayoría de las lectoras.

Periodista ¿Hay algo que no te guste de tu trabajo?

M. del Carmen Que no me guste, no, pero debo confesar que es una profesión que exige mucha dedicación, hay que estar dispuesta a aceptar críticas, ya que las lectoras son muy exigentes, y hay que renovarse constantemente. Y eso no es nada fácil.

Javier Molina

Periodista ¿Cómo te llamas?

J. Molina Me llamo Javier Molina Sánchez.

Periodista ¿Qué edad tienes, Javier?

J. Molina Tengo 29 años.

Periodista ¿En qué trabajas?

J. Molina Soy funcionario de la Oficina de Turismo de Alicante.

Periodista ¿Llevas mucho tiempo trabajando allí?

J. Molina Trabajo allí desde hace cinco años.

Periodista ¿Dónde trabajabas antes?

J. Molina En Madrid. Trabajaba en una empresa privada, pero no ganaba lo suficiente y decidí cambiarme. Tuve suerte al encontrar un puesto aquí. Ahora tengo un trabajo seguro y para toda la vida. Al menos así lo espero. Y el sueldo no está nada mal. Por otra parte, Alicante es una ciudad muy agradable para vivir, es un lugar tranquilo. Y la propiedad aquí está más barata que en Madrid. Así he podido comprarme un pequeño piso. En Madrid ahora es imposible. ¡Con esos precios!

Periodista	¿En qué consiste tu trabajo específicamente?
J. Molina	Pues, principalmente en dar información al público. A Alicante vienen muchísimos turistas, muchos ingleses, alemanes … Muchos no hablan castellano y yo sé inglés y algo de alemán también. La mayoría viene a pedir información sobre hoteles y sobre sitios de interés en la región. Es una región muy bonita y el clima es estupendo.

Unit 4

(13)

Pregunta	Gloria, me gustaría que hablásemos un poco acerca del tema de la educación y de tu propia experiencia como estudiante. Seguramente tendrás muchos recuerdos de aquella época. Después de todo eres muy joven y no te habrás olvidado aún, ¿verdad? ¿Cuándo dejaste el colegio?
Respuesta	Hace casi dos años. Tengo muchos recuerdos agradables del colegio. Fue una época muy feliz de mi vida.
Pregunta	¿Dónde hiciste tus estudios?
Respuesta	En un colegio religioso de La Coruña. Era un colegio sólo para chicas. La verdad es que me habría gustado ir a un colegio donde hubiese habido chicos, pero vamos, mis padres quisieron que fuese allí y no estuvo nada mal. Por el contrario, disfruté muchísimo y me hice de excelentes amigas allí.
Pregunta	En pocas palabras, ¿cómo describirías el colegio donde fuiste?
Respuesta	Pues, era bastante bueno. Los profesores eran muy estrictos y nos hacían trabajar mucho. En general, guardo un buen recuerdo de ellos. Había excepciones, claro, como es normal. La profesora de matemáticas, por ejemplo, no me gustaba nada. No tenía sentido del humor y nos llevábamos muy mal. En cambio, con otros no. La profesora de historia era una persona simpatiquísima y mis relaciones con ella fueron siempre estupendas.
Pregunta	¿Fuiste una buena estudiante?
Respuesta	Ni buena ni mala. Dependía de la asignatura. Había asignaturas que me gustaban mucho y otras que

simplemente no me gustaban. En historia y en inglés, por ejemplo, nunca tuve problemas. Eran mis asignaturas favoritas y estudiaba muchísimo. En cambio, en matemáticas y ciencias me iba bastante mal y más de una vez suspendí.

Pregunta   ¿Y a qué te dedicas ahora?

Respuesta   Estudio en una escuela de traductores e intérpretes.

Unit 5

El tiempo

Nublado con lloviznas y temperaturas extremas probables de once la mínima y veintitrés grados la máxima anunció para hoy en Santiago la Dirección Meteorológica de Chile. Las temperaturas extremas de ayer en la capital fueron trece grados, una décima (13,1), la mínima, a las ocho de la mañana y veintiséis grados, ocho décimas (26,8), la máxima, a las quince horas y treinta minutos (15,30). Perspectivas para mañana viernes veintiuno de febrero en el área metropolitana, nubosidad parcial variando a despejado. Temperatura del momento, catorce grados, siete décimas (14,7) con una humedad relativa de un ochenta y siete por ciento (87 %).

Ocho de la mañana, dieciséis minutos (8,16). Hasta aquí las informaciones. Por su atención muchas gracias y buenos días.

(Radio El Conquistador, Santiago de Chile).

Unit 6

a Un nuevo piso

Soledad   Hola, ¿qué hay?

Pablo   Hola.

Soledad   ¿Y cómo os ha ido con la búsqueda de piso? ¿Habéis encontrado algo?

Pablo   Pues, sí, por fin hemos encontrado lo que buscábamos. No sabes lo difícil que ha sido.

Soledad   ¡Hombre!, me alegro. ¿Y qué tal es?

Pablo   Pues, no está nada mal. Está a unos quince minutos en autobús de la Plaza Mayor, en la calle Conde de Villaseca. ¿La conoces?

Soledad   Sí, sí, por allí vive mi hermana. Es un barrio bastante bueno y muy tranquilo.

Pablo	Y el piso es bastante grande. Tiene tres habitaciones, mucho sol y una vista estupenda. Desde allí se puede ver el río.
Soledad	¡Qué maravilla! Y de precio, ¿qué tal?
Pablo	Un poco caro, setecientos ochenta euros al mes, pero vamos ..., somos tres, doscientos sesenta cada uno, que tampoco es demasiado. ¿No te parece?
Soledad	Está bien. Yo estoy pagando sobre quinientos. ¿Os habéis mudado ya?
Pablo	No, todavía no, pero lo haremos este fin de semana. Tendrás que venir a vernos.
Soledad	Por supuesto.

b Hotel O'Higgins

Hotel O'Higgins de Viña del Mar le ofrece un fin de semana grande con precios para chicos. Dos noches, tres días, para dos adultos y hasta dos niños menores de doce años sin costo en la misma habitación por sólo treinta y cinco mil pesos. Incluye desayuno e impuesto. Además, sus niños disfrutarán del plan familiar del Hotel O'Higgins donde personal especializado realiza actividades y entretenciones para que usted pueda tomar un merecido descanso. Reservas en Santiago, teléfonos 713165 y 696 6826.

(Radio Clásica, Santiago de Chile)

Unit 7

a En viaje al aeropuerto

Conductor	Perdone, ¿la carretera para el aeropuerto, por favor?
Guardia	Sí, mire, siga Vd. todo recto hasta el segundo semáforo y allí doble Vd. a la izquierda y continúe por esa calle hasta el final. Allí encontrará Vd. la carretera. Para ir al aeropuerto tiene que torcer a la derecha.
Conductor	Muchas gracias.
Guardia	De nada.

b Buscando la oficina de turismo

Turista	Por favor, ¿sabe Vd. dónde está la oficina de turismo
Transeúnte	Pues, está un poco lejos de aquí, pero puede ir en el metro. Coja Vd. la línea 1 hasta la estación de La Unión. Al salir de la estación verá Vd. el Museo de Arte

Moderno. La oficina de turismo está detrás del museo, en la calle Libertad.

Turista   Gracias.

Unit 8

a ¡Dígalo por la PR!, un espacio que hemos dedicado para que usted exponga sus comentarios y sus quejas. ¡Dígalo por la PR: el sistema de contestación automático que opera durante las 24 horas para que Vd. pueda ser escuchado. Llame ahora mismo al 31 45 45 y ¡dígalo por la PR!. La Romántica, XHPR 101.3 MHz, transmitiendo las 24 horas del día desde Veracruz.

(Radio La Romántica, Veracruz, México)

b ¡Quejas y más quejas!

i ¿Oiga? ¿Quiere Vd. enviar a la camarera a la habitación 320, por favor? Le he pedido que me traiga toallas limpias. Esto fue hace más de una hora y todavía estoy esperando. Las necesito ahora mismo.

ii Vd. es el jefe, ¿verdad? Mire, he traído el coche a reparar y vea Vd. el estado en que lo han dejado. Está peor que antes. El trabajo que han hecho no vale nada. Esta es la última vez que traigo el coche aquí.

iii Perdone Vd., pero ¿a qué hora nos trae lo nuestro? Hemos pedido hace casi media hora. Tráiganos al menos el vino.

Unit 9

a Rosario Santos

Periodista   ¿Compra Vd. normalmente en grandes almacenes como éstos o prefiere comprar en una tienda pequeña?

Rosario   Bueno …, la verdad es que eso depende … Hombre, si se trata de una cosa que necesito con urgencia, la compro en cualquier tienda de mi barrio, pero cuando tengo que comprar varias cosas prefiero venir aquí. Así no tengo que andar de un lado para otro. Vamos, que a veces se pierde mucho tiempo. Además, mire Vd., aquí hay más variedad y si va Vd. a una tienda pequeña del barrio muchas veces no encuentra lo que busca o es más caro.

Periodista   ¿Y los comestibles dónde los suele comprar?

Rosario   Pues, normalmente voy al supermercado, hay uno cerca de casa y allí hago la compra para toda la semana. Así me resulta más barato y más cómodo. Vamos, yo sé que hay gente que va todos los días a comprar una o dos cosas, luego se ponen a charlar con las vecinas, a cotillear y qué sé yo. Yo no, señor, eso no, que en casa hay muchísimo que hacer.

b Ana Belmar

Periodista Ana, ¿tú compras normalmente en grandes tiendas como ésta o en tiendas más pequeñas?

Ana Bueno, hoy he venido aquí porque están de rebajas y, claro, hay que aprovechar. Pero por lo general prefiero ir a alguna tienda pequeña donde haya más cosas exclusivas, sobre todo tratándose de ropa. A veces pagas un poco más, pero te llevas algo que realmente te gusta.

Periodista ¿Te gusta vestir a la moda?

Ana Vaya, sí, aunque no siempre puedo comprar lo que quisiera. Si trabajara, quizá sí, podría hacerlo, pero soy estudiante y el dinero me lo da mi padre.

c Andrés Calle

Periodista Vd., señor, ¿suele comprar aquí, en una gran tienda o prefiere hacerlo en una tienda pequeña?

Andrés Pues, lo cierto es que prefiero ir a una tienda más pequeña donde el trato sea más directo, más personal. Pero eso sólo lo puedo hacer el fin de semana. Yo soy administrativo y trabajo por la mañana y por la tarde y cuando salgo las tiendas ya están cerradas. Por eso vengo a veces aquí, pues está abierto al mediodía. Aprovecho la hora de la comida para comprar lo que necesito.

Periodista ¿Y la compra de comestibles la hace Vd. también?

Andrés Pues no, de eso se encarga mi mujer. A veces la acompaño, pero normalmente no tengo tiempo. Pero tenemos un pequeño supermercado en el barrio donde compramos casi todo. Excepto la fruta y las verduras, claro, eso se compra en el mercado. Es más barato, más fresco …

Unit 10

La dieta mediterránea (18)

Presentador: Buenos días. Damos comienzo a un nuevo programa de la serie **La buena mesa**. En la primera parte del programa de hoy tenemos una invitada especial, la experta en nutrición Angélica Muñoz quien se referirá a los cambios que ha experimentado la dieta de los españoles.

Invitada: Buenos días. En primer lugar quisiera referirme a la llamada dieta mediterránea. Pues bien, la dieta mediterránea está de moda, aunque hasta hace poco no gozaba de muy buena reputación. Los médicos y nutriólogos han descubierto que en los países mediterráneos la incidencia de enfermedades cardiovasculares es mucho menor que en tierra adentro.

En España, las características de este tipo de alimentación se dan, sobre todo, en Andalucía y en el Levante. Allí, la base de la dieta es el pescado, las grasas vegetales y los vegetales que contienen gran cantidad de fibra.

Por el contrario, es en la meseta central, norte y noroeste, donde el riesgo sanitario es más alto, pues se consume un exceso de proteínas, grasas animales y azúcares. La preocupación de los científicos es que España se contamine de la dieta continental, en vez de que los demás se contagien de la dieta mediterránea.

Ahora, veamos lo que pasa en Madrid. La dieta de los madrileños es equilibrada y saludable, mejor que la del resto de capitales comunitarias. No obstante, los madrileños toman menos verduras de las necesarias y demasiadas proteínas y sal. Como complemento, hay que decir que en Madrid se come poco pan y patatas y mucha fruta, leche y pescado.

¿Y qué hay de los desayunos? Pues, los desayunos que se toman los madrileños son ligeros y se advierte una tendencia a no cocinar por la noche en casa. Uno de cada cinco escolares no desayuna y muchos de los que lo hacen consumen menos calorías de las aconsejables.

El comer cada vez con más frecuencia fuera de casa por razones laborales, sobre todo, es otra de las características de los cambios alimentarios de los madrileños. Madrid está siguiendo la tendencia de la Comunidad Europea, donde casi el 4 por ciento de la población activa realiza cinco almuerzos semanales fuera de casa.

Algo similar sucede en Cataluña. Los catalanes ingieren demasiadas proteínas y grasas y pocos hidratos de carbono …

(Cambio 16, N° 886)

Unit 11

Periodista ¡Ya era hora! Este verano, un gran número de madrileños ha comenzado a protestar por el ruido que hacen otros españoles. En una entrevista, preguntamos la opinión de Antonio García, quien dirige el grupo 'Por una ciudad más tranquila'.

Antonio Pues, el propósito principal es hacer que la gente tome conciencia sobre los problemas causados por la contaminación acústica, y conseguir que las autoridades establezcan normas legales que nos den una mejor calidad de vida. Y no me refiero sólo al ruido causado por el tráfico. También están los propios vecinos, que con su radio o televisión demasiado altos molestan a los demás, así como los propietarios de terrazas y discos, que con su música a todo volumen y a toda hora no nos dejan dormir por la noche. En fin, existe una desconsideración hacia el resto de las personas que no se observa en otras capitales europeas. En ciertos barrios de Madrid la vida se ha hecho insoportable y el nivel de estrés va en aumento.

Periodista ¿Crees tú que la acción de este grupo pueda conseguir su objetivo?

Antonio Vamos … sabemos que no será fácil y que no basta con hacer una campaña al respecto. Simplemente hay que establecer prohibiciones y hacerlas cumplir mediante una legislación. Mientras tanto seguiremos protestando hasta hacernos oír.

Unit 12

Entrevista con Teresa

Pregunta Teresa, tú y Paco os habéis casado hace muy poco tiempo, ¿verdad?

Teresa Sí, hace poco más de un año.

Pregunta Y ambos sois profesionales, ¿no es así?

Teresa Sí, Paco es arquitecto y yo soy psicóloga.

Pregunta	¿Y cómo os arregláis con las tareas del hogar? Con la limpieza, la cocina, la compra, y todas aquellas tareas que hay en toda casa y que no se pueden eludir. ¿Quién las hace? ¿Tenéis a alguien que os ayude?
Teresa	Pues, tenemos una asistenta que viene dos veces por semana a limpiar el piso y a planchar, pero todo lo demás lo hacemos Paco y yo. La compra la hago yo, pues salgo antes del trabajo y camino de casa paso por el supermercado. En cambio, Paco, que cocina mucho mejor que yo, se encarga de guisar. Los fines de semana lo hacemos juntos, pero vamos, a él le encanta la cocina y a mí no. Pero yo soy la que friega los platos.
Pregunta	¿Son labores compartidas, entonces?
Teresa	Totalmente. De otra manera, quizá no funcionaríamos bien como pareja. Me molestaría tener que encargarme yo de todo. En cambio así, las cosas marchan muy bien y no hay ningún tipo de resentimiento. Por el contrario, Paco y yo tenemos una excelente relación.
Pregunta	¿Y cuando vengan los hijos?
Teresa	Pues, probablemente tendremos que hacer ciertos ajustes, pero fundamentalmente, no creo que las cosas vayan a cambiar.
Pregunta	¿Sois una pareja feliz, entonces?
Teresa	Sin duda.

taking it further

Sources of authentic Spanish

Spanish and Latin American newspapers:
El País (http://www.elpais.es)
El Mundo (http://www.el-mundo.es/)
La Vanguardia (http://www.lavanguardia.es)
ABC (http://www.abc.es)
La Nación, Argentina (http://www.lanacion.com.ar)
Clarín, Argentina (http://clarin.com.ar)
El Mercurio, Chile (http://elmercurio.cl)
El Universal, México (http://www.el-universal.com.mx)
El Comercio, Perú (http://www.elcomercioperu.com.pe)

Radio and television

An excellent way to improve your understanding of spoken Spanish is to listen to radio and watch television. On medium wave after dark (in Europe) and via satellite you will be able to gain access to Radio Nacional de España, Televisión Española (TVE) and other stations. And for Latin American Spanish, you may like to tune in to the BBC Spanish Latin American Service, which can be heard on short wave. It is also possible to listen to the BBC in Spanish via the internet: go to http://www.bbc.co.uk/hi/spanish/news and click on 'Escuche BBC radio'. (You will need media player software to do this.)

Travelling in Spain and Latin America

Travelling in a Spanish-speaking country is probably the best way to practise what you have learnt and improve your command of the spoken language. If you are planning to do this, the following websites may prove useful:

Travelling to Spain: http://www.SiSpain.org/english/travelli
Spain Today: http://www.wtg-online.com/data/esp/esp.asp
Travel Latin America: http://www.travellatinamerica.com/es/
Latin America – travel notes:
http://travelnotes.org/LatinAmerica/index.htm

Spanish language courses

The Instituto Cervantes, a worldwide organization, offers courses in Spanish and promotes Spanish culture in general. Its website is http://www.cervantes.es/

The Hispanic Council, in the United Kingdom, based in London, may be able to help you with enquiries about Spanish language courses and aspects of life in Spain and Latin America. For more general information and listings of schools you might like to look up:

Language schools – learning vacations:
http://www.learningvacations.com

Spanish language schools:
http://www.ibw.com.ni/~nssmga/

Spanish–English vocabulary

Words already listed in each unit have not been included in this vocabulary. Basic vocabulary and grammatical words have also been omitted.

a lo mejor *perhaps*
abierto/a *open*
abogado (m) *lawyer*
acceder *to have access*
acerca de *about*
además *besides*
administrativo (m) *office clerk*
afección (f) *illness*
aficionado a *fond of*
agencia de empleos (f) *employment agency*
agradecer *to be grateful*
ahorrar *to save*
ajedrez (m) *chess*
alcanzar *to reach*
alegría (f) *sesame seed bar*
algodón (m) *cotton*
alimentación (f) *food*
alojamiento (m) *accommodation*
alumno/a *student*
amenaza (f) *threat*
amistades (m pl) *friends*
ampliamente *fully*
ampliar *to expand*
amplio *varied, wide*
antecedentes (m pl) *background*
aparcamiento (m) *car park*
aplicar *to apply*

aplicarse una ducha *to take a shower*
aprender *to learn*
aprovechar *to take advantage*
apuntar *to point to*
arreglarse *to get ready, dress up*
artículos electrodomésticos (m pl) *electrical household appliances*
ascensor (m) *lift*
asegurar *to assure*
asépticamente *aseptically*
así *so, thus*
asignar *to allocate (funds), assign*
asimismo *likewise*
asistencia (f) *attendance*
asombro (m) *surprise*
asumir *to assume, take on*
atajar *to stop from spreading*
atender *to look after*
atraer *to attract*
aumento (m) *increase*
aunque *although*
ausencia (f) *absence*
avance (m) *progress*
ayudar *to help*

bajarse *to get off*
barroco/a *barroque*
boletín (m) *form*
bonificado *subsidized*
brevemente *briefly*
bruto *gross*
buscador (m) *hunter (treasure)*
buscar *to look for*
búsqueda (f) *search*

cabe: no – duda *there is no doubt*
cabello (m) *hair*
cabina (telefónica) (f) *telephone booth*
calidad (f) *quality*
camino (m) *road*
campo (m) *field*
campo de fútbol (m) *football field*
cansado *tired*
capa de ozono (f) *ozone layer*
cargamento (m) *cargo*
cargo (m) *post, charge*
carrera (f) *career*
carretera (f) *main road*
carta (f) *letter*
casamiento (m) *marriage*
caseta (f) *kiosk*
casi *almost*
cayo (m) *key (geography)*
cercano *nearby*
certificado *registered*
charlar *to chat*
chófer (m) *driver*
ciencias aplicadas (f pl) *applied sciences*
cifra (f) *figure*
ciudadano (m) *citizen*
clave *key*
cobrar *to charge*
cocina (f) *cuisine*
coger *to take (transport)*
colega (m/f) *colleague*

colocado *placed*
comienzo (m) *beginning*
comodidad (f) *comfort*
compartir *to share*
concepto: en – de *by way of*
confección (f) *preparation*
conseguir *to get*
consignado *recorded*
consumidor (m) *consumer*
contabilidad (f) *accountancy*
contagiarse *to contaminate, infect*
contar *to tell*
contestación (f) *answer*
contratado *agreed*
contribuyente (m/f) *contributor*
convenir *to be convenient*
convivir *to live together*
corroborar *to corroborate*
cuidar *to look after*
culpable *guilty*
cumplir (años/meses) *to be (years/months) old*
cumplir un horario *to comply with a timetable*

dañar *to damage*
dañino *damaging*
dar un paseo *to go for a walk*
dato (m) *information*
de igual modo *likewise*
de hecho *in fact*
decir: es – *that is to say*
dedicarse a *to do*
dejar claro *to reveal*
deporte (m) *sport*
deportivo *sports (adjective)*
desafío (m) *challenge*
desarrollar *to develop*
descanso (m) *rest*
descrito *described*
desgraciadamente *unfortunately*
desigual *unequal*
desocupado *free, unoccupied*

despejado *clear, cloudless*
desplazarse *to travel*
destinatario (m) *addressee*
detallado *detailed*
devolución (f) *refund*
dibujos animados (m pl)
  cartoons
dictar *to dictate*
dirigirse *to go, address*
domiciliario *home (adjective)*
dotado *equipped*
duda (f) *doubt*
dudar *to doubt, hesitate*
duplicarse *to double*

edad (f) *age*
edad escolar (f) *school age*
edificio (m) *building*
efecto invernadero (m)
  greenhouse effect
efectuar *to do, carry out*
elegir *to choose*
embarcarse *to board*
empresa (f) *company, firm*
encargarse de *to be responsible
  for*
encuesta (f) *survey*
enfrentar *to face*
enseñar *to show, teach*
entorno (m) *environment*
entregar *to give, hand in*
entrevistar *to interview*
envío (m) *correspondence,
  despatch*
escolares (m pl) *school children*
escoger *to choose*
escritor (m) *writer*
espalda (f) *back*
estar de moda *to be in fashion*
estudios superiores (m pl) *higher
  education*
etapa (f) *stage*
étnico *ethnic*
evitar *to avoid*

exigente *demanding*
expedito *quick, speedy*
exponer *to put forward*
extraño/a *stranger*

fabricante (m/f) *manufacturer*
facilitar *to provide*
factura (f) *receipt, invoice*
facultativa *optional*
falta (f) *lack*
faltar *to lack*
famoso *famous*
fatal *terrible*
favorecer *to favour*
ficha de inscripción (f)
  registration form
figurar *to appear*
fijar citas *fix appointments*
finalizar *to end*
folleto informativo (m)
  information brochure
formación (f) *training*
forzado *forced*
frito *fried*
funcionar *to function, work*

gabinete (m) *section*
ganar *to earn, win*
gasto (m) *expense*
golpe (m) *coup*
graduado *graduate*

hacer falta *to be necessary*
hasta tal punto *to such a point*
hecho (m) *fact*
horario (m) *timetable, working
  hours*
hundido *sunk*

idioma (m) *language*
impartir *to teach*
impedir *to prevent*
imponerse *to prevail*
importe (m) *cost, value*

inclinarse *to be inclined*
incluso *even*
índice (m) *rate*
ingeniero (m) *engineer*
intimidad (f) *privacy*
investigación (f) *research*

jefe (m) *boss*
jet (f) *jet set (Spain)*
joyería (f) *jewellery*
jugador (m) *player*
juventud (f) *youth*

lamentablemente *regrettably*
leguminosa (f) *pulse*
lento *slow*
líder *leading*
limpio *clean*
litoral (m) *coast*
llevar *to bear, deliver*
llevar a cabo *to carry out*
llevarse bien/mal *to get on well/ badly*
locutorio (m) *telephone exchange*
lucha (f) *struggle*
lugar (m) *place*
lujo *luxury*

malestar (m) *illness*
maleta (f) *suitcase*
mano de obra (f) *labour*
maravilla (f) *wonder*
marcado *marked*
marchar *to go, leave*
marea (f) *tide*
mariachi (m) *band that plays popular Mexican music*
más bien *rather*
matricularse *to register, enroll*
mediante *through*
mejora (f) *improvement*
merecer *to deserve*
merecer la pena *to be worth it*

mesa (f) *table (food)*
método (m) *method*
microbús (m) *small bus*
miembro (m/f) *member*
mientras *whilst*
mismo: ahora – *right now*
modalidades (f pl) *facilities*
módico *moderate, reasonable*
modo: de igual – *likewise*
mundo (m) *world*
músculo (m) *muscle*
muy señor mío *dear sir*

nacimiento (m) *birth*
nada mal *not bad at all*
nadar *to swim*
netamente *purely*
nevera (f) *fridge*
nivel (m) *level*
novio (m) *boyfriend*
nuez (f) *nut*
nutriente (m) *nourishing food*
nutriólogo (m) *dietician*

obstante: no – *nevertheless*
obtención (f) *obtaining, securing*
ocio (m) *leisure*
operador/a postal *postal worker*

paradero (m) *stop*
particular *private*
partido político (m) *political party*
partir: a – de *from, starting*
pasar a buscar *to pick up*
pasillo (m) *corridor*
paso subterráneo (m) *subway*
pastilla (f) *pill*
peletería (f) *furs*
película (f) *film*
peor: en el – de los casos *at worst*
perderse *to get lost*
periodista (m/f) *journalist*
permanencia (f) *stay*

permitido *allowed*
peruano/a *Peruvian*
pesar: a – de *in spite of*
petición: a – de *at the request of*
piel (f) *skin, leather*
piscina (f) *swimming pool*
piso (m) *floor, flat*
planear *to plan*
plaza (f) *seat*
pleno *full*
pleno: en – centro *right in the centre*
población activa (f) *working population*
poner en conocimiento *to let know*
poner en marcha *to start up, move*
por el contrario *on the contrary*
por suerte *luckily*
por supuesto *of course*
potencia (f) *power*
precisar *to need*
predominio (m) *predominance*
prejuicio (m) *prejudice*
prever *to forsee*
probador (m) *fitting room*
promover *to promote*
propensión (f) *tendency*
propietario (m) *owner*
proporcionar *to provide*
proteger *to protect*
proveniente *coming from*
puesto que *as*
puesto (m) *post*

quedar *to be left*
queja (f) *complaint*

rastreado *tracked, traced*
recibo (m) *receipt*
recogida (f) *from* recoger *(to pick up)*
rectificar *to rectify*
regalar *to give a present*

reinstaurar *to restore, reestablish*
rellenar un impreso *to fill in a form*
remitente (m) *sender*
renovarse *to renew oneself*
reparto (m) *delivery*
resentimiento (m) *resentment*
respirar *to breathe*
restante *remaining*
revelar *to reveal*
revista (f) *magazine*
rivalizar *to rival*
roto *broken*
ruego: le – *kindly, please*

salud (f) *health*
salvaje *wild*
seco *dry*
seguidamente *then*
seguro (m) *insurance*
semáforo (m) *traffic light*
sencillo/a *simple*
sentido del humor (m) *sense of humour*
sentimiento (m) *feeling*
siglo (m) *century*
sitio (m) *place*
sobre (m) *envelope*
solfeo (m) *music theory*
sobrevivir *to survive*
solicitar *to request*
solucionar *to solve*
sometido *subjected*
subir *to go up*
suceder *to happen*
sueldo (m) *salary*
suelo (m) *floor, ground*
suerte (f) *luck*
superar *to be over*

talla (f) *size (clothes)*
tardar *to take (time)*
tarea (f) *work, labour*
tarjeta (f) *card*
techo (m) *roof*

tejido (m) *tissue*
temporada (f) *season*
tener en cuenta *to take into account*
teniente (m) *lieutenant*
tesoro (m) *treasure*
tienda (f) *shop*
título académico (m) *univeristy degree*
título (m) *degree, certificate*
título universitario (m) *university degree*
toalla (f) *towel*
tomar una copa *to have a drink*
tono: a – *in harmony, in tune*
torcer *to turn*
traductor (m) *translator*
tranquilo *quiet*
transbordar *to change (transport)*
traslado (m) *transfer*
tratamiento (m) *treatment*
través: a – de *through*

usuario (m) *user*
utilizar *to use*

vale *O.K.*
validez (f) *validity*
valle (m) *valley*
varón (m) *man, male*
vecino (m) *neighbour, resident*
venda (f) *bandage*
ventaja (f) *advantage*
vergüenza (f) *shame*
viaje (m) *journey, trip*
viajero *travelling;* (m) *traveller*
vías respiratorias (f pl) *respiratory tract*
vidrio (m) *glass*
vista (f) *view*
vivienda (f) *house, housing*
vuelo (m) *flight*
vuelta (f) *return*

ya *already*
ya no *no longer*
ya que *as, since, for*
yate (m) *yacht*

zapato (m) *shoe*
zapatería (f) *shoe shop*

English–Spanish vocabulary

about *acerca de; sobre, a eso de* (time)
accommodation *alojamiento* (m)
accompany: to – *acompañar*
account *cuenta* (f)
accountancy *contabilidad* (f)
address: to – *dirigirse*
addressee *destinatario/a*
advantage *ventaja* (f)
advantage: to take – *aprovechar*
advertisement *anuncio* (m)
agree: to – *estar de acuerdo, acordar; contratar*
agreement *acuerdo* (m)
almost *casi*
already *ya*
although *aunque*
ankle *tobillo* (m)
answer *respuesta, contestación* (f)
appear: to – *aparecer, figurar*
apply: to – *aplicar; solicitar* (e.g. a job)
appointment *cita* (f)
arrival *llegada* (f)
article *artículo* (m)
as ... as *tan/tanto como*
as *como, puesto que, dado que*
ashamed: to be – *tener vergüenza*

assign: to – *asignar*
assume: to – *asumir*
assure: to– *asegurar*
attendance *asistencia* (f)
attract: to – *atraer*
available *disponible*
avoid: to – *evitar*

back *espalda* (f)
background *antecedentes* (m pl)
baker's *panadería* (f)
bear: to – *llevar, soportar*
bed *cama* (f)
beginning *comienzo, principio* (m)
besides *además*
birth *nacimiento* (m)
bored *aburrido/a*
boss *jefe/a*
boyfriend *novio*
breathe *respirar*
brief *breve*
brochure *folleto* (m)
broken *roto/a*
building *edificio* (m)
bus *autobús, microbús* (small bus), *camión* (m) (Mexico)
business *negocio* (m)

cake *pastel* (m), *tarta* (f), *pastas* (f pl) (small cakes)

car park (m) *aparcamiento, estacionamiento* (Latin Am.)

card *tarjeta* (f)

cargo *cargamento* (m)

carry out: to – *efectuar, realizar, llevar a cabo*

cartoons *dibujos animados* (m pl)

cash: to pay – *pagar en efectivo*

century *siglo* (m)

certain *seguro/a*

challenge *desafío* (m)

change: to – *cambiar; transbordar* (transport)

charge: to – *cobrar*

chat: to – *charlar, conversar, platicar*

check: to – *revisar, checar* (Mexico)

citizen *ciudadano/a*

clean *limpio/a*

clear *claro/a; despejado* (sky)

clerk *administrativo/a*

clothes *ropa* (f)

cloudless *despejado*

coach *autocar, autobús, camión* (m) (Mexico)

coast *costa* (f), *litoral* (m)

code (telephone) *prefijo, código* (m)

colleague *colega* (m/f)

comfort *comodidad* (f)

company (firm) *empresa, compañía, firma* (f)

complain: to – *quejarse*

complaint *queja* (f)

computer *ordenador, computador* (m), *computadora* (f)

consumer *consumidor* (m)

contaminate: to – *contaminar; contagiar, infectar*

contrary: on the – *por el contrario*

cook: to – *cocinar, guisar*

correspondence *correspondencia* (f), *envío* (m)

corridor *pasillo* (m)

cost *valor* (m), *coste* (m), *costo* (m) (Latin Am.), *importe* (m)

cotton *algodón* (m)

course *curso* (m)

course: of – *por supuesto, desde luego, claro*

cover: to – *cubrir*

credit card *tarjeta de crédito* (f)

cuisine *cocina* (f)

damage *daño* (m)

damage: to – *dañar*

damaging *dañino/a*

degree *título* (m) (university)

delay *retraso* (m)

delivery *reparto* (m), *despacho* (m)

demand: to – *exigir*

demanding *exigente*

describe: to – *describir*

deserve: to – *merecer*

despatch *envío* (m)

despatch: to – *enviar, despachar*

despite *pese a*

develop: to – *desarrollar*

development *desarrollo* (m)

devote: to – *dedicar*

diary *agenda* (f)

dictate: to – *dictar*

dietician *nutriólogo/a*

discount *descuento* (m)

double room *habitación doble/con cama de matrimonio* (f)

doubt *duda* (f)

doubt: to – *dudar*

drink *copa* (f)

drink: to have a – *tomar una copa*

driver *conductor/a, chófer* (m/f)

dry *seco/a*

dry: to – *secar*

earn: to – *ganar*
electrical household appliances
  electrodomésticos (m, pl)
e–mail *correo electrónico* (m)
employment *empleo* (m)
engineer *ingeniero/a*
enroll: to – *inscribirse,
  matricularse*
environment *medio ambiente*
  (m), *entorno* (m)
equipped *dotado/a*
even though *aunque, a pesar de
  que*
even *incluso*
executive *ejecutivo/a*
exhibition *exposición* (f)
expand: to – *ampliar*
expense *gasto* (m)

face: to – *enfrentar*
facilities *equipamiento* (m);
  modalidades (f pl)
fact *hecho* (m)
fact: in – *de hecho,
  efectivamente*
factory *fábrica* (f)
famous *famoso/a*
fashion *moda* (f)
favour: to – *favorecer*
field *campo* (m)
figure *cifra* (f), *número* (m)
film *película* (f), *film* (m)
fitting room *probador* (m)
flat *piso*(m), *apartamento,
  departamento* (m) (Latin Am.)
flight *vuelo* (m)
floor *planta* (f), *piso* (m); *suelo*
  (m)
fond of *aficionado/a a*
food *alimento* (m), *alimentación*
  (f)
foot *pie* (m)
football field *campo de fútbol*
  (m)
forced *forzado/a*

foreigner *extranjero/a*
foresee: to – *prever*
form *boletín* (m), *impreso* (m),
  formulario (m)
free *libre, desocupado/a*
fridge *nevera* (f), *frigorífico* (m)
fried *frito/a*
friends *amistades* (f pl)
full board *pensión completa* (f)
full *lleno/a, pleno/a*
fully *ampliamente, totalmente,
  completamente*
function: to – *funcionar*
fur *piel* (f)

get off: to – *bajarse*
get: to – on well/badly *llevarse
  bien/mal*
get: to – *conseguir, obtener*
gift *regalo* (m)
girlfriend *novia*
give: to – *dar, entregar*
glass *vaso* (m); *vidrio* (m)
  (material)
go: to – down *bajar*
go: to – up *subir*
graduate *graduado/a*
grateful: to be – *agradecer*
greenhouse efect *efecto
  invernadero* (m)
gross *bruto*
ground *suelo* (m)
guest *invitado/a*
guilty *culpable*

habit: to be in the – of
  acostumbrar, soler
hair *cabello, pelo* (m)
half board *media pensión* (f)
hand: to – in *entregar*
happen: to – *pasar, suceder,
  ocurrir*
have: to – *tener, disponer de,
  contar con*
heal: to – *sanar*

health *salud* (f)
help *ayuda* (f)
hesitate: to – *dudar*
higher education *estudios superiores* (m pl)
higher *superior*
highway *carretera* (f)
housing *vivienda* (f)
however *sin embargo*
humour: sense of – *sentido del humor* (m)
hurt: to – *doler*

ill: to be – *estar enfermo/a*
illness *enfermedad* (f), *afección* (f), *malestar* (m)
impose: to – *imponer*
improvement *mejora* (f)
include: to – *incluir*
increase *aumento* (m)
increase: to – *aumentar*
information brochure *folleto informativo* (m)
information *información* (f), *dato* (m)
insurance *seguro* (m)
interpreter *intérprete* (m/f)
interview: to – *entrevistar*
invoice *factura* (f)
iron: to – *planchar*

jewellery *joyas* (f pl); *joyería*
journey *viaje* (m)

keep: to – fit *mantenerse en forma*
key *llave* (f); *clave* (f); *cayo* (m) (geography)
kiosk *cabina, caseta* (f), *quiosco* (m)
kitchen: open plan – *cocina americana* (f)

labour *mano de obra* (f)
lack: to – *faltar*

language *idioma* (m), *lengua* (f)
last *último/a*
lawyer *abogado/a*
learn: to – *aprender*
leave: to – *irse, dejar, abandonar*
leg *pierna* (f)
leisure *ocio* (m)
level *nivel* (m)
lift *ascensor* (m), *elevador* (Mexico)
likewise *asimismo, de igual/del mismo modo, de la misma manera*
longer: no – *ya no*
look after: to – *cuidar, atender*
look for: to – *buscar*
luck *suerte* (f)
luckily *por suerte*
luxury *lujo* (m)

magazine *revista* (f)
main road *carretera* (f)
male *varón* (m)
manufacturer *fabricante* (m/f)
marriage *casamiento* (m/f), *matrimonio* (m)
marry: to – *casarse*
master: to – *dominar*
member *miembro* (m/f)
mobile phone *teléfono móvil/portátil* (m), *celular* (Latin Am.) (m)
mountain *sierra* (f), *montaña* (f)
muscle *músculo* (m)

nearby *cercano/a*
necessary: to be – *ser necesario, hacer falta*
neighbour *vecino/a*
neighbourhood *barrio* (m)
nevertheless *no obstante*
nut *nuez* (f)

O.K. *vale, de acuerdo*
often *a menudo*

oil *petróleo* (m); *aceite* (m) (cooking and car oil)

optional *facultativo/a*

owner *propietario/a*

ozone layer *capa de ozono* (f)

pain *dolor* (m)

paint: to – *pintar*

painting *pintura* (f)

party *fiesta* (f); *partido* (m) (politics)

pay: to – *pagar*

performance *función* (f)

perhaps *a lo mejor, tal vez, quizá(s)*

pick up: to – *pasar a buscar, recoger*

pill *pastilla* (f), *tableta* (f), *píldora* (f)

plan: to – *planear, programar*

platform *andén* (m)

player *jugador/a* (m/f)

point to: to – *apuntar*

political party *partido político* (m)

post office *(oficina de) correos* (f)

post *puesto* (job) (m); *correo* (mail) (m)

power *potencia* (f)

prejudice *prejuicio* (m)

present: to give a – *regalar, hacer un regalo*

prevail: to – *imponerse*

private *privado/a*

progress *progreso* (m), *avance* (m)

promote: to – *promover*

protect: to – *proteger*

provide: to – *proporcionar, proveer*

pulse *leguminosa* (f)

purely *netamente, puramente*

quality *calidad* (f)

quick *rápido/a, expedito/a*

quiet *tranquilo/a*

rate *índice* (m)

rather *más bien*

reach: to – *alcanzar*

realize: to – *darse cuenta*

reasonable *razonable; módico/a* (e.g. price)

receipt *factura* (f), *recibo* (m)

refund *devolución* (f)

register: to – *inscribirse, matricularse*

registered *certificado/a*

regrettably *lamentablemente, desgraciadamente*

relax: to – *relajarse*

remain: to – *quedar*

rent: to – *alquilar, rentar* (Mexico)

representative *representante* (m/f)

request: to – *solicitar, pedir*

research *investigación* (f)

resident *vecino/a; residente* (m/f)

responsible: to be – *for encargarse de*

rest *descanso* (m)

return *regreso* (m), *vuelta* (f)

return: to – *volver, regresar; devolver* (to give back)

right now *ahora mismo, inmediatamente, enseguida*

road *camino* (m)

roof *techo* (m)

salary *sueldo, salario* (m)

save: to – *ahorrar*

school age *edad escolar* (f)

school children *escolares* (m pl)

school *colegio* (m), *escuela* (f)

science *ciencia* (f)

search *búsqueda* (f)

season *estación* (f); *temporada* (f) (period)

seat *asiento* (m); *plaza* (f) (e.g. on a plane)

send: to – *enviar, mandar*

sender *remitente* (m)
sew: to – *coser*
shame *vergüenza* (f)
share: to – *compartir*
shoe shop *zapatería* (f)
shoe *zapato* (m)
shop *tienda* (f)
shopping: to do the – *hacer la compra/las compras*
show *sesión* (f) (cinema), *función* (f)
show: to – *mostrar, enseñar*; (film) *poner, dar* (Latin Am.)
shower: to – *ducharse*
since *ya que, puesto que; desde* (from)
single room *habitación individual/sencilla* (f)
sink: to – *hundir*
size *tamaño* (m); *talla* (f) (clothing)
slow *lento/a*
so *entonces; tan*
solve: to – *solucionar*
speedy *expedito/a, rápido/a*
spite: in – of *a pesar de, pese a*
sport *deporte* (m); *deportivo/a* (adjective)
sports centre *polideportivo* (m)
stamp *sello* (m), *estampilla* (f) (Latin Am.)
start: to – *empezar, comenzar, poner en marcha*
stay: to – *quedarse*
stop *parada* (f), *paradero* (m) (Latin Am.)
stop: to – *parar, detener, atajar*
struggle *lucha* (f)
subway *paso subterráneo* (m)
suitcase *maleta, valija* (Argentina) (f)
survey *encuesta* (f)
survive: to – *sobrevivir*
swim: to – *nadar*

swimming pool *piscina* (f), *alberca* (f) (Mexico); *pileta* (Argentina) (f)
swimming *natación* (f)
swollen *hinchado/a*

table *mesa* (f)
take: to – time *tardar*
teach: to – *enseñar; impartir*
telephone booth *cabina telefónica* (f)
telephone exchange (m) *locutorio*
tell: to – *contar, decir*
tendency *tendencia, propensión* (f)
then *entonces, después, seguidamente*
though *aunque*
threat *amenaza* (f)
through *mediante; a través de, por*
thus *así, de esta manera/este modo*
tide *marea* (f)
timetable *horario* (m)
time: spare – *tiempo libre* (m)
tired *cansado/a*
tissue *tejido* (m)
toast *tostadas* (f pl), *pan tostado* (m) (Mexico)
towel *toalla* (f)
traffic light *semáforo* (m)
training *formación* (f)
transfer *traslado* (m)
translator *traductor/a*
traveller *viajero/a*
traveller's cheque *cheque* (m) *de viaje/de viajero*
treasure *tesoro* (m)
treatment *tratamiento* (m)
trip *viaje* (m)
turn: to – *torcer, girar, doblar*
turn: to be one's – *tocar a uno/a*

unequal *desigual*
unfortunately *desgraciadamente,
desafortunadamente*
use: to – *usar, utilizar*
user *usuario/a*

validity *validez* (f)
valley *valle* (m)
varied *variado/a, amplio/a*
view *vista* (f)

walk: to go for a – *dar un paseo*
wash: to – *lavar, lavarse*
waste: to – *perder*
wear: to – *llevar, usar*
while *rato, momento* (m)
whilst *mientras*
wild *salvaje*
win: to – *ganar*
wonder *maravilla* (f)
wonder: to – *preguntarse*

wonderful *maravilloso/a*
work *trabajo* (m), *tarea* (f)
work: to – *trabajar; funcionar*
worker *trabajador/a*
working hours *horario de
trabajo* (m)
working population *población
activa* (f)
world *mundo* (m)
worth: to be – it *merecer/valer la
pena*
writer *escritor/a*

yacht *yate* (m)
young *joven*

index

teach
yourself

world cultures: spain
mike zollo & phil turk

- Are you interested in the story of Spain and the Spanish?
- Do you want to understand how the country works today?
- Are you planning a visit to Spain or learning Spanish?

World Cultures: Spain will give you a basic overview of Spain – the country, its language, its people and its culture – and will enrich any visit or course of study. Vocabulary lists and 'Taking it Further' sections at the end of every unit will equip you to talk and write confidently about all aspects of Spanish life.

teach yourself ®

Afrikaans
Arabic
Arabic Script, Beginner's
Bengali
Brazilian Portuguese
Bulgarian
Cantonese
Catalan
Chinese
Chinese, Beginner's
Chinese Script, Beginner's
Croatian
Czech
Danish
Dutch
Dutch, Beginner's
Dutch Dictionary
Dutch Grammar
English, American (EFL)
English as a Foreign Language
English, Correct
English Grammar
English Grammar (EFL)
English for International Business
English Vocabulary
Finnish
French
French, Beginner's
French Grammar
French Grammar, Quick Fix
French, Instant
French, Improve your
French Starter Kit
French Verbs
French Vocabulary
Gaelic
Gaelic Dictionary
German
German, Beginner's
German Grammar
German Grammar, Quick Fix
German, Instant

German, Improve your
German Verbs
German Vocabulary
Greek
Greek, Ancient
Greek, Beginner's
Greek, Instant
Greek, New Testament
Greek Script, Beginner's
Gulf Arabic
Hebrew, Biblical
Hindi
Hindi, Beginner's
Hindi Script, Beginner's
Hungarian
Icelandic
Indonesian
Irish
Italian
Italian, Beginner's
Italian Grammar
Italian Grammar, Quick Fix
Italian, Instant
Italian, Improve your
Italian Verbs
Italian Vocabulary
Japanese
Japanese, Beginner's
Japanese, Instant
Japanese Script, Beginner's
Korean
Latin
Latin American Spanish
Latin, Beginner's
Latin Dictionary
Latin Grammar
Nepali
Norwegian
Panjabi
Persian, Modern
Polish
Portuguese

Portuguese, Beginner's
Portuguese Grammar
Portuguese, Instant
Romanian
Russian
Russian, Beginner's
Russian Grammar
Russian, Instant
Russian Script, Beginner's
Sanskrit
Serbian
Spanish
Spanish, Beginner's
Spanish Grammar
Spanish Grammar, Quick Fix
Spanish, Instant
Spanish, Improve your
Spanish Starter Kit
Spanish Verbs
Spanish Vocabulary
Swahili
Swahili Dictionary
Swedish
Tagalog
Teaching English as a Foreign Language
Teaching English One to One
Thai
Turkish
Turkish, Beginner's
Ukrainian
Urdu
Urdu Script, Beginner's
Vietnamese
Welsh
Welsh Dictionary
World Cultures:
  China
  England
  France
  Germany
  Italy
  Japan
  Portugal
  Russia
  Spain
  Wales
Xhosa
Zulu

available from bookshops and on-line retailers